安徽省高校智库"安徽生态与经济发展研究中心"资助成果

中国刷业高质量发展研究

李光龙 等 编著

中国科学技术大学出版社

内容简介

本书深入阐述了国内外刷业发展概况，叙述了中国刷业生产及需求状况，剖析了影响中国刷业发展的一般环境和具体环境，分析了中国刷业上下游产业链情况，总结了中国刷业的商业模式，预测了未来五年中国刷业市场前景，并以源潭刷业小镇为例，提出了促进刷业发展的具体对策建议。本书不仅对源潭刷业发展具有较好的指导意义，而且对中国刷业发展与相关研究具有重要的参考价值。

图书在版编目（CIP）数据

中国刷业高质量发展研究/李光龙等编著. —合肥：中国科学技术大学出版社，2023.4
ISBN 978-7-312-05616-1

Ⅰ. 中… Ⅱ. 李… Ⅲ. 毛刷—轻工业—产业发展—研究—中国 Ⅳ. F426.89

中国国家版本馆CIP数据核字（2023）第032127号

中国刷业高质量发展研究
ZHONGGUO SHUA YE GAO ZHILIANG FAZHAN YANJIU

出版	中国科学技术大学出版社
	安徽省合肥市金寨路96号，230026
	http://press.ustc.edu.cn
	https://zgkxjsdxcbs.tmall.com
印刷	安徽省瑞隆印务有限公司
发行	中国科学技术大学出版社
开本	787 mm×1092 mm 1/16
印张	12
插页	2
字数	240千
版次	2023年4月第1版
印次	2023年4月第1次印刷
定价	60.00元

前　言

改革开放以来,我国制造业取得了举世瞩目的成就,形成了门类齐全、具有相当规模和技术水平的产业体系。小小的刷子,看起来不起眼,但在日用杂品生产行业中,制刷业却是一个大门类,仅生产品种就有一千多种,如工业刷、民用刷、油漆刷、环卫刷,还有我们每天都离不开的牙刷等。中国最早的制刷类产品主要是牙刷、油漆刷等,产品种类相对单一,随着工业化的发展、城市化进程的推进和人民生活水平的提高,中国刷业品种越来越多,应用领域越来越广。目前,中国刷业生产总量位居世界第一,中国的刷业品类已经扩大至化妆刷、工业刷、清洁刷等,成为世界上少有的拥有制刷全产业链的国家。但中国刷业产品价格普遍较低,与发达国家刷业产品质量也有一定差距。近年来,由于产能与市场供需矛盾而长期陷入价格战,部分中国制刷企业经济效益低下。随着人力成本的持续上涨、环境保护约束的强化和供给侧结构性改革政策的实行,中国制刷企业的生存和发展也受到较大影响。加之国际贸易保护主义盛行和新冠疫情影响,中国制刷企业面临严重的困难与挑战。因此,培育与发展高质量制刷业是关系国家综合实力、技术水平和工业基础的一项长期的、艰巨的任务。

当前,中国正处于工业化进程走向成熟的阶段,制造业是国民经济的重要支柱和基础。制造业转型升级是加快我国从制造大国走向制造强国,促进国民经济保持中高速增长,向中高端水平迈进的关键环节。为了全面了解我国制刷业情况,助推安徽制刷业发展提质增效,安徽生态与经济发展研究中心经过充分调研和科学论证,组织课题组精心撰写了《中国刷业高质量发展研究》报告,在进一步征求意见和修改基础上形成了目前的书稿。本书由上篇和下篇两部分构成。上篇深入阐述了国内外刷业发展概况,详细叙述了中国刷业生产及需求状况,全面剖析了影响中国刷业发展的一般和具体环境,客观分析了中国刷业上下游产业链情况,系统总结了中国刷业的研发、生产、营销和盈利的商业模式,对2019—2025年中国刷业国际市场前景及预测进行了分析,提出了促进刷业发展的对策建议。基于上述分析,本书下篇编制了《源潭刷业小镇产业发展规划(2019—2030)》,该规划分析了源潭刷业发展现状、面临形势及存在的问题,规划了源潭刷业小镇产业发展总体思路、主要目标及空间布局,剖析了工业刷、环卫刷、民用刷的升级路径,明确了小镇产业集群打造、生产性服务创新和产业园区壮大的发展方向,指出了小镇产业发展的九大重点任务,提出了小镇产业发展的五大保障措施,对源潭刷业小镇产业发展进行了主要任务分解。

在本书编写过程中,笔者在全国各地进行了大量调研,借鉴和参考了大量刷业发展的文献资料。在此,谨向中国日用杂品工业协会刷类及清洁用具分会、安徽省特色小镇建设领导小组办公室、安徽潜山市源潭镇人民政府、桐城市范岗镇人民政府以及全国相关刷业企业的大力支持表示衷心感谢。由于笔者水平有限,尽管笔者作了最大的努力,书中还是难免存在一些不足,恳请读者批评指正,以使本书的理论和观点可以不断修正、补充和完善,为后续的研究奠定基础,为中国刷业高质量发展提供决策建议和理论支持。

李光龙

2022 年 4 月

目 录

前言 ·· (i)

上篇　理 论 篇

第一章　世界刷业发展概况 ·· (002)
　一、世界刷业基本情况 ·· (002)
　二、世界主要刷业市场特点分析 ·· (003)
　三、小结 ··· (005)

第二章　中国刷业发展概况 ·· (007)
　一、刷业发展基础 ··· (007)
　二、产业政策与行业标准 ·· (008)
　三、刷业市场格局 ··· (012)
　四、小结 ··· (017)

第三章　中国刷业生产分析 ·· (018)
　一、中国刷业总量供给状况 ··· (018)
　二、刷业细分行业价格和产量分析 ·· (023)
　三、刷业产品运营效益分析 ··· (025)
　四、小结 ··· (027)

第四章　中国刷业需求状况 ·· (029)
　一、中国刷业国内需求 ··· (029)
　二、中国刷业出口状况 ··· (036)
　三、小结 ··· (046)

第五章　中国刷业发展的环境因素分析 ···································· (048)
　一、刷业发展一般环境分析 ··· (048)
　二、刷业发展具体环境分析 ··· (059)
　三、小结 ··· (063)

第六章 中国刷业产业链发展分析 ……(064)
一、上游相关产业 ……(064)
二、下游相关产业 ……(075)
三、小结 ……(083)

第七章 中国刷业商业模式 ……(085)
一、中国刷业行业的研发模式 ……(085)
二、中国刷业的生产模式 ……(088)
三、中国刷业的营销模式 ……(089)
四、刷业行业的盈利模式 ……(091)
五、小结 ……(092)

第八章 2018—2025年中国刷业国际市场前景及预测分析 ……(094)
一、未来中国刷业市场前景分析 ……(094)
二、中国刷业国际市场预测分析 ……(096)
三、小结 ……(109)

第九章 主要研究结论及刷业未来发展思路 ……(110)
一、主要研究结论 ……(110)
二、刷业未来发展思路 ……(111)

下篇 实 践 篇
源潭刷业小镇产业发展规划（2019—2030）

第十章 前言 ……(118)
一、规划背景 ……(118)
二、规划依据 ……(118)
三、规划范围 ……(119)

第十一章 现实基础与面临形势 ……(120)
一、源潭刷业发展现状 ……(120)
二、源潭刷业面临形势 ……(123)
三、源潭刷业发展存在的问题 ……(128)

第十二章 总体思路 ……(130)
一、指导思想 ……(130)
二、主要原则 ……(130)

三、发展目标 ……………………………………………………(131)

第十三章 空间布局 ……………………………………………(134)
一、刷业产业集聚区 ……………………………………………(134)
二、刷业配套产业集聚区 ………………………………………(134)
三、新兴产业集聚区 ……………………………………………(135)

第十四章 推动主导产业升级 …………………………………(136)
一、推动工业刷提质增效 ………………………………………(136)
二、促进环卫刷提升品质 ………………………………………(136)
三、引导民用刷转型升级 ………………………………………(137)

第十五章 打造产业集群 ………………………………………(138)
一、提升上游产业 ………………………………………………(138)
二、发展下游产业 ………………………………………………(138)
三、培育关联产业 ………………………………………………(139)

第十六章 创新生产性服务 ……………………………………(140)
一、增强研发能力 ………………………………………………(140)
二、建立刷业技能培训中心 ……………………………………(140)
三、提升营销服务能力 …………………………………………(141)
四、建设刷业交易中心 …………………………………………(142)
五、打造人才服务平台 …………………………………………(142)

第十七章 壮大产业园区 ………………………………………(144)
一、完善园区基础设施 …………………………………………(144)
二、培育重点龙头企业 …………………………………………(144)
三、创建创新创业基地 …………………………………………(145)
四、提高园区管理水平 …………………………………………(145)

第十八章 重点任务 ……………………………………………(146)
一、加大招商引资 ………………………………………………(146)
二、推进商会建设 ………………………………………………(146)
三、创建服务中心 ………………………………………………(147)
四、制定行业标准 ………………………………………………(148)
五、专设维权中心 ………………………………………………(148)
六、打造区域品牌 ………………………………………………(149)
七、推进产业融合 ………………………………………………(149)

八、亮化小镇环境 ………………………………………………………(150)
　　九、强化安全生产 ………………………………………………………(151)
第十九章　保障措施 ………………………………………………………(152)
　　一、加强组织领导，营造舆论氛围 ……………………………………(152)
　　二、转变政府职能，强化服务质量 ……………………………………(152)
　　三、加大财税支持，促进创新发展 ……………………………………(153)
　　四、加强融资服务，解决资金难题 ……………………………………(153)
　　五、确保土地供应，提高土地使用效益 ………………………………(154)

附录 …………………………………………………………………………(156)
　　附录一　中国刷业企业调研问卷 ………………………………………(156)
　　附录二　2019年广交会刷类及清洁用具部分参展商信息 ……………(158)
　　附录三　典型刷业企业介绍 ……………………………………………(173)

参考文献 ……………………………………………………………………(184)

后记 …………………………………………………………………………(185)

上篇　理论篇

第一章 世界刷业发展概况

一、世界刷业基本情况

据统计,全球具有工厂规模的制刷企业有6000家左右。从洲际分布看,制刷企业主要集中在亚洲的中国和东南亚、欧洲、北美洲、大洋洲地区,非洲以及南美洲也有少量制刷企业。从国别分布看,90%的企业集中在中国、印度、美国、加拿大、英国、德国、意大利、荷兰、瑞士、比利时、西班牙、澳大利亚、新西兰等国家。全球高水平制刷业主要集中在欧美地区,其自动化程度非常高,只需要较少的高端从业人员,顶尖的制刷设备工厂主要集中在德国,大型制刷企业集中在美国。欧美刷业企业历史悠久,美国刷业制造商协会(ABMA)于2018年3月举办了第101届年会,欧洲刷业联合会(FEIBP)于2018年9月在法国波尔多召开了第60届年会,上述两家刷业协会已经形成战略合作关系,相互参加各种年会、展销会、论坛等活动,交流技术与管理经验,分享行业发展观点与机会。

美国的制刷企业大都成立于20世纪二三十年代,多为家族式控股企业,传承到今天已经是第三、第四代在经营。根据美国刷业制造商协会统计,目前美国刷业企业有200多家,从业人员有8000—9000人,年产值约25亿美元。规模较大的公司包括 The Mill-Rose Company、Malish Brush、Precision Brush、Cleveland Wood Products、Spiral Brush、Brushes Corp.、Nexstep Commercial Products 等。美国刷业企业主要生产高端的异形刷、工业刷以及少量的油漆刷。美国市场刷业年进口额约18亿美元,出口额约4亿美元,逆差14亿美元。进口产品主要包括:扫帚,油漆刷,刮板及艺术、写作和化妆用刷等;出口产品主要是牙刷、牙板刷以及作为设备、机械零部件的工业刷等。

欧洲工业刷企业较多,一些企业成立时间早于美国,有的甚至已传到第七代,大多与美国刷业一样为家族经营。意大利主要生产清洁刷,德国主要生产工业刷,比利时主要生产牙刷。西欧的制刷设备企业在全球举足轻重,如由比利时的 Boucherie 公司和意大利的 Borghi 公司于2014年5月合并成立的 Boucherie & Borghi 制刷设备集团堪称世界顶级刷业设备制造商,德国的 Wohler、EBSER、ZAHORANSKY、WOMA 制刷设备企业在国际市场享有盛誉。这些企业大都有

100多年的历史,有的甚至在19世纪中期就成立了,如 Friedrich Platt GmbH 制刷公司成立于1849年。此外,欧洲市场还有一些刷业的原材料企业如杜邦(DuPont)和贝纶(Perlon)。就生产规模来看,欧洲刷业产值和北美市场的基本相当。

东南亚及南亚地区的刷业起步较晚,企业主要集中在印度、越南、菲律宾、巴基斯坦等国家。这些地区机、车床工业基础薄弱,技工人员严重缺乏,刷业机械化程度很低,刷制品多元化生产受限,同时受产品质量、国家政策等方面影响,出口量甚少。但是近年廉价的劳动力、低水平的工厂租金,还有木材等原材料的优势吸引包含中国在内的许多国外制刷工厂向东南亚转移,使得这些地区的刷业产量和出口规模能够不断扩大。

中国制刷业经过30余年快速发展,具有工厂规模的企业达到3000余家,企业数量居全球第一,出口量也居全球第一。2016年、2017年中国刷业出口值分别达到20.24亿美元、21.52亿美元,其中欧美地区是中国刷业最大的需求地。近十年来中国刷业已经由原来的卖方市场逐步转变为现在的买方市场,原来刷业老板坐等外贸订单、只需抓紧生产的局面已不再。加上中国劳动力成本的不断上涨,环境保护约束强化和供给侧结构性改革政策实行,一定程度上给中国制刷业发展带来了挑战。

二、世界主要刷业市场特点分析

1. 美国刷业市场

（1）美国制刷业发展较早

美国制刷业已有一百多年历史。据统计,200多家美国刷业及清洁用具企业主要分布在美国东中部,集中在纽约州、伊利诺伊州、俄亥俄州等地区。西部刷业企业集中在加利福尼亚和俄勒冈州,这里还有美国西海岸刷业制造商协会。20世纪90年代开始,美国将传统制造业大量转移到人工成本更低的国家,所以制刷企业在美国制造业中所占比例很小。美国刷业工厂大部分规模较小,两百多家制刷企业中有139家员工不足20人,但他们凭借着质量、高端定制以及高度的客户忠诚度,在毫无价格优势的情况下依然保持着较好的运营效益。

（2）美国制刷业大部分集中在东中部

美国刷业大部分工厂及上游配套企业都集中在美国东中部。美国本土制刷设备企业主要提供油漆刷设备、刷柄设备,欧洲Boucherie & Borghi,ZAHORANSKY等制刷设备公司在美国都有办事处,服务美国制刷业。DuPont、Monahan公司是美国的刷丝企业,业务覆盖全球,DuPont在中国上海设有公司。美国的木材资源丰富,刷业用的刷柄基本上可以实现本土供给。美国刷类及清洁用具企业主要以生产工业刷、油漆刷、清洁刷、扫把、拖把为主。美国刷业的代表企业主要有Gordon Brush、Osborn、Mill-Rose、Malish等,由于生产高端产品,他们的业务遍布全球,有的已经在中国设立子公司或办事处。

(3) 美国制刷行业传统与创新并存

美国刷业一部分工厂仍在使用几十年前的设备,生产工艺也停留在五六十年前。这些企业认为制刷产品是服务专业人士,用传统的设备、传统的生产工艺,可以保证刷业的质量,通过服务于某些微小的缝隙市场来留住顾客。还有一部分企业,他们富有开拓创新精神,随着刷业应用领域越来越广泛,他们不断开发新的产品,来满足日新月异的不同行业需求,比如清洁热油锅的耐热型刷、核反应堆管道刷、火星探测器清扫钻探现场碎片的小刷子等。总之,现在的美国刷业企业有的重视传统,有的富有开拓创新精神。

(4) 美国制刷行业受其他国家企业冲击较大

2007年美国次贷危机引起经济衰退,加之其他国家的油漆刷、扫把、拖把制造企业的不断壮大,加快了其他国家刷类产品对美国的出口,许多美国工厂难以为继,每年都会有两三家刷业工厂被迫停产。大部分刷业工厂找外国企业,特别是中国企业代工生产(OEM),拖把企业找中国企业贴牌生产(ODM),还有一些企业选择与中国制刷企业合资,在中国加工生产。2010年7月30日,美商务部发布对华天然猪鬃油漆刷(以下简称油漆刷)反倾销情势变更复审终裁,决定终止对中国油漆刷已实施长达24年的反倾销税令,并将通知海关停止对上述产品征收反倾销税,加大了中国油漆刷对美国的出口量。如今,美国刷业所有企业都要考虑中国对手的竞争。在2018年美国对中国发起的贸易摩擦中,中国出口美国的刷业产品也在25%的加征关税清单中,但美国刷业制造商协会(ABMA)在递交给美国贸易代表办公室的听证会书面材料中,反对美国政府对来自中国的刷业产品征税。这反映了中国刷业产品的出口对美国市场具有较强的吸引力,降低了美国市场企业和居民的生产和消费成本。

2. 欧洲刷业市场

(1) 欧洲刷业企业专业化程度较高

欧洲制刷企业聚焦于细分产品市场或高端产品市场。如德国的制刷设备具有很高的智能化和自动化水平,法国、英国、德国和芬兰生产的化妆刷主要为欧莱雅、香奈儿、雅诗兰黛、雅姿等品牌提供产品,比利时的Orai-B是全球顶尖的电动牙刷企业,意大利和德国的异形刷和工业刷质量和品质较高,专门为一些高端客户定制。

(2) 欧洲制刷企业除德国外大多规模较小

欧洲制刷企业分散在众多国家,规模不大,但德国刷业市场规模占据欧洲市场规模的20%左右。欧洲几乎所有国家都有制刷企业,但很多国家产品单一,种类较少,尤其是普通的油漆刷和滚筒刷生产企业更是极少。德国的刷业行业产业链较为齐全,从刷丝到制刷设备、从普通的油漆刷到特殊用途的工业刷和异形刷都有生产。

(3) 欧洲刷业信息化水平高

欧洲除了刷业联合会(FEIBP)之外,每个国家都有自己的刷业组织或协会,可以通过这些协会的网站搜索到每家企业的产品和信息,其中德国、英国和法国的刷业协会网站资料较为齐全,表明了这些行业协会在欧洲刷业发展中的助力作用不可忽视。

3. 亚洲刷业市场

(1) 亚洲刷业产地相对集中

亚洲刷业生产主要集中于中国、印度、日本和韩国等国,且亚洲产量较高,占世界市场的50%左右,大多为普通的油漆刷和民用刷产品,产品品质相对欧美企业为低,市场价格较低,出口量较大。

(2) 制刷行业产品附加值普遍不高

日本的刷业企业成立较早,基本都是家族式企业,且都隶属于DIY(自己动手制作)协会,虽然刷制品手工制作精良,但刷业企业数量少、产量少、种类少。韩国刷业企业主要生产化妆刷,主要为韩国本土的女性美容产品品牌生产或为一些世界品牌代工。中印两国因为劳动力资源较丰富,手工作坊式的刷业企业较多。但中国最近十多年出现了一些规模较大的机械制造刷业企业,尤其在工业刷、牙刷、化妆刷等产品细分领域,一些企业逐渐成长壮大。目前,中国的刷业企业产品种类齐全,产业链和零部件配套成熟,产量世界第一,但大部分产品质量一般,出口价格较低,产品亟待升级。近年来,由于劳动工资上涨,环境资源约束增强,企业生产成本在逐步提高,有些刷业企业已开始向越南、泰国、巴基斯坦、印度等国家迁移。

(3) 一些企业开始向产业链上游迈进

早期制刷设备企业主要集中在韩国及中国台湾、中国香港。近年来,中国沿海地区如广东、浙江、江苏出现了一些制刷设备生产企业,这些企业的制刷设备自动化、机械化、信息化程度在不断提高,但价格远低于欧美价格,很多刷业企业开始购进国产设备,一定程度上大大提高了中国及亚洲刷业企业的自动化和机械化水平。

三、小结

从世界范围看,制刷企业主要集中在亚洲的中国和东南亚、欧洲、北美洲、大洋洲地区。从国别分布看,90%的企业集中在中国、印度、美国、加拿大、英国、德国、意大利、荷兰、瑞士、比利时、西班牙、澳大利亚、新西兰等国家。全球高水平制刷业主要集中在欧美地区,其自动化程度非常高,只需要较少的高端从业人员,顶尖的制刷设备工厂主要集中在德国,大型制刷企业集中在美国。

美国制刷业发展较早,大部分集中在东中部。现在的美国刷业企业有的重视传统,有的富有开拓创新精神。欧洲制刷企业聚焦于细分产品市场或高端产品市场。欧洲制刷企业分散在众多国家,规模不大,但德国刷业市场规模占据欧洲市场规模的20%左右。亚洲刷业产地相对集中,制刷行业产品附加值普遍不高,一些企业开始向产业链上游迈进。

第二章 中国刷业发展概况

一、刷业发展基础

目前,中国刷业生产总量位居世界第一,但中国刷子价格普遍较低,与发达国家相比,刷子质量也有一定差距。近年来,由于产能与市场供需矛盾而长期陷入价格战,致使部分中国刷业企业经济效益下降。随着人力成本的持续上涨、环境保护约束的强化和供给侧结构性改革政策的实行,刷业企业的生存和发展也受到较大影响。虽然面临种种困境,中国刷业却一直能保持稳定增长,主要归因于以下几点:

1. 市场巨大且品类齐全

中国最早的制刷类产品主要是牙刷、油漆刷等,产品种类相对单一。随着中国工业化发展、城市化进程的推进、人民生活水平的提高,中国的刷制品种类越来越多,应用领域越来越广。目前中国的刷业品类已经扩大至化妆刷、工业刷、清洁刷等,成为世界上少有的拥有全产业链的制刷国家。同时中国涌现的大量新制刷企业,也推动了中国制刷业的竞争和发展。

2. 刷业产业链较为完整

中国制刷业的发展,离不开上游企业的助力。我们的制刷设备企业不断努力,充分发挥智慧,为中国制刷产品的品质提升以及工厂自动化改造保驾护航。在满足国内刷业工厂需求的前提下,中国企业也将设备出口到东南亚、非洲、南美洲等地区。中国的猪鬃、马尾、羊毛等天然制刷原料供应量占全世界的90%以上,独具优势,这是我们制刷业蓬勃发展的重要基础。近几年,伴随中国的刷制品生产需求的急速增长,猪鬃、马尾、羊毛等天然制刷原料产量难以满足需要,制刷工厂对人造刷丝的需求量越来越大。现在国内的人造刷丝企业数量在150家左右,产量可完全满足国内刷业工厂需求。

3. 行业协会发挥重要作用

美国及欧洲的刷业商会为当地刷业企业提供了沟通、交流、研讨等帮助,中国刷业组织对刷业行业则提供了更多支持。中国刷类及清洁用具分会及中国制刷交易网(brush8.com)为行业服务几十年,整合行业资源,链接上下游产业,为行业的发展做出了重要贡献。同时面向海外的brushtrade.com,是全球市场了解中国刷业的窗口。《中国刷类及清洁用具》期刊的发行工作,在国内主要面向河北、河南、山东、安徽、江苏、浙江、上海、福建、广东等地区发行;在国外面向印度、日本、韩国、印尼、美国、德国、意大利等国家发行。下一阶段发行,国内主要扩大面向非集散地区;国外面向东南亚、非洲、大洋洲、南美洲等地区。

通过《中国刷类及清洁用具》期刊提供的信息,可以看出中国制刷业的国外市场需求。美国市场比较关注中国的油漆刷、滚刷、猪鬃市场,欧洲国家关注中国的刷柄、刷丝、猪鬃、马尾等原材料市场,东南亚和南亚地区比较关注中国的制刷设备,如植毛机、滚筒刷设备、油漆刷设备等。

二、产业政策与行业标准

1. 刷业规划与政策

(1) 国家对刷业的政策

① 2000年7月《中华人民共和国产品质量法》通过了修订,于2000年9月1日正式施行,该法在加强对产品质量的监督管理,提高产品质量水平,明确产品质量责任,保护消费者的合法权益,维护社会经济秩序等方面都做了规定。

② 2002年6月2日,通过的《中华人民共和国清洁生产促进法》鼓励企业不断采取改进设计、使用清洁的能源和原料、采用先进的工艺技术与设备、改善管理、综合利用等措施,从源头削减污染,提高资源利用效率,减少或者避免生产、服务和产品使用过程中污染物的产生和排放,以减轻或者消除对人类健康和环境的危害。

③ 2004年7月1日起施行的《中华人民共和国对外贸易法》规定从事货物进出口或者技术进出口的对外贸易经营者,应当向国务院对外贸易主管部门或者其委托的机构办理备案登记;但是,法律、行政法规和国务院对外贸易主管部门规定不需要备案登记的除外。

④ 2005年4月1日开始施行的《中华人民共和国固体废物污染环境防治法》规定产生固体废物的单位和个人,应当采取措施,防止或者减少固体废物对环境的污染。

⑤ 国家工信部发布的《刷业行业"十三五"发展规划》提出了"十三五"期间中国刷业行业发展的总目标:坚持科学发展观,以结构调整为主线,以技术进步为依托,创新驱动,按照信息化与工业化融合,开拓市场,着力转变发展方式,提升软实力,更好地为提高装备制造业的总体水平、为中国刷业行业到2020年步入世界刷业强国奠定坚实的基础。

⑥ 2014年4月24日,第八次修订的《中华人民共和国环境保护法》规定各企事业单位和其他生产经营者应当防止、减少环境污染和生态破坏,对所造成的损害依法承担责任。

(2) 地方对刷业的政策

我国的刷业主要集中在江浙粤皖等沿海和中部地区,各地区由于产品差异性,因此制定的刷业政策和标准各有不同(表2.1)。本书以安徽省制定的产业规划和产品标准为例,列出专栏。

专栏一 安徽省制定的产业规划和产品标准等

① 2010年12月,安徽省潜山县政府办公室发布了《潜山县源潭镇制刷产业集群专业镇发展规划》,总结了潜山源潭镇制刷产业集群的发展现状,对未来刷业的发展进行整体规划。

② 2014年4月,在安徽省质监局组织召开的源潭镇制刷产品地方标准专家评审会上,源潭制刷产品地方标准顺利通过专家评审。针对目前国内制刷产业尚没有国家标准和行业标准,缺少合适的通用标准这一实际,源潭镇在充分征求制刷企业的意见和建议的基础上,在县质监局的大力支持下,以主导产品"条刷""工业用刷辊""环卫车清扫刷"申报安徽省地方标准,旨在帮助制刷企业提高技术水平,统一全省工业刷的规范性生产,提升制刷产业的整体竞争力。

③ 2014年10月安徽省经济和信息化委员会公布了第五批"安徽省新型工业化产业示范基地"名单,其中有源潭镇制刷业。通知要求各地经信委(经委)要在总结经验的基础上,进一步扎实推进示范基地的创建工作,充分发挥政策、资金、项目的引导和拉动作用,将示范基地的发展纳入工业和信息化经济运行监测体系,研究出台配套支持政策,在产业规划布局、技术改造、重大专项、公共服务平台建设及有关资金安排等方面,对示范基地予以重点支持。

④ 2016年12月,源潭镇建成国家轻工行业唯一的省级"刷制品监督检验中心",为制刷企业提供刷制品质量检验检测服务。

⑤ 源潭镇党委、政府出台《促进刷业企业翻番计划》,2016年,镇财政兑现企业奖补资金170万元。创建由镇政府控股的"潜源融资担保公司",几年来,担保业务420笔,累计担保总额5.5亿元,有效缓解了制刷企业流动资金短缺的困难。

⑥ 2017年4月,安庆市经济和信息化委发布了《源潭镇制刷产业集群发展规划》。规划提出,到2020年,全镇制刷产业集群实现工业总产值120亿元,对全镇GDP的贡献率达到85%。

⑦ 2018年10月,安徽省成立"刷业商会",出台同业内反不正当竞争管理办法,促进行业规范有序发展。

> 因为工业制刷品包括异形刷的需求差异很大,难以量产,目前在国内还没有统一的国家标准和行业标准,各家制刷企业在长期的生产过程中,也总结了一套实用的规则,也就是团体标准,可以参考。
>
> 资料来源:对调研资料整理所得。

表2.1 安徽省潜山市耐特制刷厂工业刷业常用标准及注意事项

常用标准	注意事项
刷体外径与孔同轴度	一般用水喷洒工作,温度允差不大于60 ℃
磨料丝抗拉强度	刷业安装据刷丝稍斜顺时针方向运转
刷辊刷丝密度	
正常使用寿命	磨料粒度,刷业压力,输送速度等
磨料与粗糙度	
刷体是否掉毛	刷业刷辊要安装牢固
吸水辊表面光洁度、弹性及吸水量	吸水辊不用时应养护水中,不要受压,以免变形
刷丝、刷体所使用的材料	

资料来源:对调研资料整理所得。

2. 产品相关标准制定单位

本行业主要协会是中国轻工业联合会、中国日用杂品工业协会及其下属的刷类及清洁用具分会、中国牙刷分会和中国香料香精化妆品工业协会等,负责起草行业执行标准和行业发展规划,建立行业自律性机制。

(1)中国轻工业联合会

中国轻工业联合会是轻工业全国性的、综合性的、具有服务和管理职能的工业性中介组织,凭借其广泛的行业代表性,以服务为宗旨,充分发挥政府与企业间的桥梁纽带作用,为促进中国轻工业的发展以及加强国际间的交流与合作发挥了重大的作用。中国轻工业联合会具有承担开展行业经济发展调查研究,向政府提出有关经济政策和立法方面的意见与建议,进行行业信息的收集、分析、研究和发布,参与制定行业规划,开展国内外经济技术交流和合作等12项基本职责。

(2)中国日用杂品工业协会及下属的刷类及清洁用具分会

经政府部门授权和委托,制定行业规划、开展行业统计、发布行业信息、进行市场预测;制定产品标准、开展行检、行评和产品认证、推荐优秀产品和新产品;组织行业科技成果鉴定和推广、参与行业内重大投资和合资项目的前期论证、初审;制定行业的行规行约、建立行业自律机制;协调同行价格争议,维护行业公平竞争;举办行业展览、开展技术交流与经贸合作、建立与国外同行相关组织的联系;组织行业技能培训和人才交流及职工等级考核等。

(3) 中国香料香精化妆品工业协会及中国牙刷协会

受政府委托起草行业发展规划,积极推动行业发展;对行业发展中的问题进行调查研究,向政府部门提出有关行业法规和政策的建议;参与政府部门有关本行业法规、政策、标准等的制定、修订工作,并组织宣讲培训和贯彻实施;制订并组织实施行业自律性管理制度和行业道德准则,规范会员行为,推动行业诚信建设,维护公平竞争的市场环境;根据授权开展行业统计工作,搞好信息的收集、分析、管理和发布,为政府部门制定产业政策提供依据,为行业提供信息指导与服务,编辑出版协会刊物;与有关部门配合对本行业的产品质量实行监督,发布行业产品质量信息,组织开展行业新技术、新工艺、新原料、新产品等推广应用和交流;受政府委托承办或根据市场和行业发展需要组织行业的国内外展览会、订货会,参与培育国内的专业市场;组织开展行业职业技能和其他技术的培训活动等。有关部委制定的一些与刷业有关的标准,如表2.2所示。

表2.2 刷业产品相关标准

时间	发布部门	名称	主要内容
1992	中国轻工总部	出口刷业检验方法(SN0102—1992)	该标准规定了出口刷业的检验程序、抽样方案及检验方式。本标准适用于各种出口机械鬃毛衣刷、鞋刷的检验
1998	中国轻工总部	高密度聚乙烯单丝(QB/T2356—1998)	该标准规定了高密度聚乙烯单丝(以下简称"单丝")的分类、技术要求、试验方法、检验规则及标志、包装、运输、贮存。本标准适用于由单丝级高密度聚乙烯为原料经挤出拉伸制成的单丝
2011	工业和信息化部	《钢丝刷》(QB/T 2190—2010)	该标准对旧版QB/T 2190—1995进行更新,增加了以下新规定:按材质分为木柄钢丝刷和塑柄钢丝刷;单根刷丝的拉力要求和试验方法;塑柄钢丝刷的强度要求和试验方法;刷丝的强度要求和试验方法
2011	国家质检总局、国家标准委	《睫毛膏》(GB/T 27547—2011)	该标准规定了睫毛膏的术语和定义、要求、试验方法、检验规则和标志、包装、运输、贮存、保质期
2013	中国轻工总部	《电动牙刷》(GB19342—2013)	该标准从卫生、安全、规格、性能和外观质量等方面作了具体的要求和规定
2014	国家质检总局、国家标准委	《儿童牙刷》(GB30002—2013)	该标准从卫生要求、安全要求、规格尺寸、毛束强度、磨毛、饰件和外挂等方面做出了详细规范

续表

时间	发布部门	名称	主要内容
2015	国家标准委	《牙刷及口腔器具产品安全通用技术要求》	该标准适用于牙刷及日用口腔清洁护理器具产品有关安全的通用技术要求

资料来源：对调研资料整理所得。

三、刷业市场格局

1. 刷业市场集中度

（1）刷业主要区域分布

根据调研所得资料，中国的刷业企业主要集中在华东华南地区：一是创新思维强、需求量大的广东，如江门、汕头、广州、深圳、佛山、肇庆等地；二是基础牢固劳动力成本低的安徽，如潜山、桐城等地；三是物流发达善于发掘市场的江浙，如扬州、苏州、镇江、宁波、台州、金华等地。另外，还有河北、河南、山东、天津、新疆等地存在一些刷业企业，如河南鹿邑被称为"中国化妆刷基地"，山东的泰安近年来也诞生了不少刷业企业。而天津、河北等地一些化妆刷企业由于京津冀环保要求趋严关闭或迁移到外地。

作为改革开放前沿的广东省，大量工厂的兴起造就了工业制刷巨大的市场需求，同时也主导了全国刷业早些年的发展方向。改革开放前沿的优势，让广东人率先完成刷业手工化向自动化机械化的转变。21世纪初，以广州、佛山为代表，刷业产品便走进了集中化、高端化的时代，广东的工业制刷领先全国。

而安徽，由于早期卖猪鬃制品民用刷南下人口基数大，部分人带回了开放前沿地区的市场信息，开始在安徽安庆潜山与桐城、宣城宁国一带建厂制造刷制品。内地低廉的劳动力成本，让安徽的制刷产业拥有价格优势，在国内市场有较强的竞争力。如今，安徽已经形成了两个制刷产业集聚基地，一个是拥有"中国刷业基地"称号的潜山市源潭镇，一个是具有"中国刷业城"头衔的桐城市范岗镇。两地的刷业产值之和接近150亿元，源潭镇以生产工业刷、环卫刷为主，而范岗镇以生产民用刷、涂料刷为主。

相比广东和安徽，江苏和浙江的工业制刷起步较晚，但是江浙集中了皖、粤两地的优势，以镇江、宁波、扬州为代表，一来靠近或本身是沿海发达城市，市场需求量大，二来本地及周边的劳动力成本低。再加上江浙人的商业头脑和资本优势，也在国内市场上迅速占据了一席之地。如宁波的刷业企业规模较大，自动化程度高，扬州杭集镇被授予"中国牙刷之都"的称号。

关于细分刷业行业的市场集中度，以环卫刷为例，环卫刷主要应用在环保业的机械中,环卫机械现已代替了最原始的人工打扫。随着机械的现代化,环卫机械技能不断更新,环卫刷的市场应用更加广泛。现在我国的环卫车辆主要包括垃圾车、吸污车、扫路机、水车、除雪机械等,我国环卫工作的快速发展带动了环卫刷市场需求的发展。

我国环卫刷行业企业规模普遍较小,企业在发展过程中以扩大规模为目标,对品牌建设重视不够。我国环卫刷行业品牌数量较少,已有品牌市场影响力也较低,在国际市场竞争中处于劣势。在中国环卫刷行业主要品牌市场占有率格局中,安徽省市场占有率较高,环卫刷生产主要集中在安徽省内,其比较知名的环卫刷企业有安徽振达刷业有限公司、安徽联华刷业有限公司、安徽达胜刷业有限公司、安徽环美科技有限公司、安徽三和刷业有限公司、安徽新林刷业有限公司等。

(2) 竞争群组与行业集中度

从目前来看,中国刷业生产企业可以分为两大竞争群组。第一个组群是由国内较大的制刷企业基地组成,安徽潜山市源潭镇以及桐城市范岗镇,扬州杭集,河南鹿邑等。诸如安徽启源刷业、安徽沃德刷业等,这些企业有较高技术和自主知识产权,占据部分高端产品市场;剩下的则是国内较为分散的制刷企业,他们有的依靠规模取胜,如杭州兴保华、伊司达。有的依靠成本优势,以较低的价格在市场竞争中获得自己的一席之地,并随时准备寻找市场机会,期望能够做大做强,与此同时,他们也面临较大的竞争风险,随时有被淘汰出局的可能。

行业集中度是指某行业的相关市场内前N家最大的企业所占市场份额(产值、产量、销售额、销售量、职工人数、资产总额等)的总和,是对整个行业的市场结构集中程度的测量指标,用来衡量企业的数目和相对规模的差异,是市场实力的重要量化指标。市场集中度是决定市场结构最基本、最重要的因素,集中体现了市场的竞争和垄断程度,经常使用的集中度计量指标有:行业集中率(CR_n指数)、赫尔芬达尔-赫希曼指数(即HHI指数)、洛伦兹曲线、基尼系数、逆指数和熵指数等,本报告采用行业集中率(CR_n指数)进行分析。

根据美国经济学家贝恩和日本通产省对产业集中度的划分标准,将产业市场结构粗分为寡占型($CR8 \geqslant 40$)和竞争型($CR8 < 40\%$)两类。其中,寡占型又细分为极高寡占型($CR8 \geqslant 70\%$)和低集中寡占型($40\% \leqslant CR8 < 70\%$);竞争型又细分为低集中竞争型($20\% \leqslant CR8 < 40\%$)和分散竞争型($CR8 < 20\%$)。

目前,从国内市场来看,虽然制刷企业众多,相比较整体市场份额来说,这些企业的市场份额都较小。另外由于刷类产品种类众多,所以市场集中度差异较大。就民用刷来说,其中的油漆刷、涂料刷、手动牙刷由于生产工艺简单,成本低,接近于竞争型市场。而对于某些特殊的工业刷或高质量的民用刷来说,由于设备要求较高,有一定技术要求,一般小企业难以生产,所以接近于低集中寡占型。而对于投资更大的环卫刷或智能电动牙刷来说,由于行业进入壁垒高,设备精良,技术要求高,所以更倾向于高集中寡占。

(3)竞争群组与企业集中度

从2019年广交会刷类及清洁用具部分参展商信息(图2.1)可以发现中国刷业产品种类在中国各地区的地域分布情况:

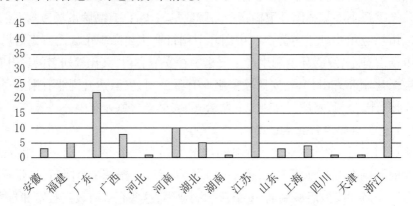

图2.1　2019年广交会刷类及清洁用具部分参展商省份分布

安徽有3家,主要分布在安徽省潜山源潭镇、滁州市和合肥市,其中源潭镇的参展商主要生产各种机械扫路刷、扫雪刷、护栏刷、机场跑道刷、农场按摩刷等。

福建有5家,主要分布在福建省福州市、宁德市、泉州市、武夷山市及漳州市,大多生产清洁用品、扫把及辅助材料、刷子、卫生洁具等棕系列产品,塑胶丝、塑胶日用品、塑胶圣诞树(松针)及竹木制品等。广东省有22家,主要分布在广东省博罗县、东莞市、广州市、惠州市、江门市、清远市清新县、汕头市、韶关市、深圳市、四会市、中山市及珠海市等,大多产销油漆滚筒、毛套、画笔、海绵刷各种油漆工具,电动牙刷、奶瓶刷、杯刷、清洁刷、吸管刷、婴儿沐浴梳等民用刷,清扫工具制造、环境保护专用设备制造等环卫刷。

广西有8家,主要分布在广西南宁市、北海市、玉林市和梧州市,大多产销清洁用品、模具、塑料制品、竹制工艺品、木制工艺品、芒藤、草编工艺品、棉纱、棉制家居日用品、五金制品、电子产品、化工产品(危险化学品除外)等。

河北有1家,分布在石家庄市,主要产销滚刷、油漆刷、通信配件、五金铸件等产品。

河南有10家,主要分布在河南省鹿邑县、新乡市和郑州市,大多产销毛刷、动物毛、绒、化妆刷、化妆用具、五金工具和机械设备等产品。

湖北有5家,主要分布在湖北省汉川市、武汉市和孝感市,大多产销日用刷、油漆刷、油画刷、工业用刷、猪鬃及其制品、毛刷、钢丝刷、五金工具制造、日用品、陶瓷品、机械设备、纺织品、服装塑料制品等产品。

湖南有1家,分布在长沙市,主要生产经营日用百货、服装鞋帽、五金交电、机电产品、工艺品等产品。

江苏有40家,主要分布在江苏省苏州市、淮安市、南京市、南通市、无锡市、扬州市和镇江市,大多生产滚筒刷、漆刷及其配件、油漆托盘、窗刷、雪刷、牙刷、衣刷、鞋刷、牙刷丝、塑料制品、旅游用品等产品。

山东有3家,主要分布在山东省青州市、威海市和枣庄市,大多生产牙刷、牙线棒、牙缝线、刷牙线、油漆刷、滚筒刷、长毛绒玩具、扫把、拖把、高粱草工艺品、草柳编工艺品、清洁用具、塑料制品、五金工具、日用品、服装、纺织品、轻工产品、Ⅰ类医疗器械等产品。

上海有4家,主要生产油漆刷、油漆滚筒、卫生洁具、日常使用刷子、工业刷、手工具、厨房用品、灯具、花卉、相关绘画工具、装饰工具、珠宝制造工具、通信设备、环保设备、生物工程技术专业领域内的技术开发、技术服务、技术咨询等。

四川成都市有1家,主要研发生产金属模具、塑胶模具、压模具、相关五金零件、一次性卫生用品(纸质饮具)及各类塑胶制品。

天津有1家,主要生产彩涂板、手套、剑道服、乐器、日用百货、土产、畜产、工艺品、轻工业钢材、塑料制品、建筑材料、装饰装修材料等产品。

浙江有20家,主要分布在浙江省温州市苍南县、湖州市德清县、嘉兴市、金华市、台州的临海市、宁波市,大多生产塑料头梳、塑料制品、木制品、发刷、木头刷、木头按摩刷、猪鬃发刷、蒸汽清洁刷、成品模具、雨刷片、雨刷器、金属轮刷、加工专业生产各类钢丝刷、铜丝刷、日用清洁刷及其他建筑类油漆工具清洁用具、专业清洁用品、园林电动工具的设计和智能马桶开发、化妆用具、文具、家居日用品、塑料制品、塑料清洁用品、五金制品等产品。

2. 潜在进入者与替代品威胁

(1) 潜在进入者

潜在进入者的威胁主要表现在:如果其进入市场,就会与行业内企业争夺有限的资源和抢夺市场份额,势必导致企业利润减少,或危及企业的生存,所以行业内企业会对潜在的侵入者设立各种壁垒,尽可能阻碍潜在侵入者进入市场。比较常见的壁垒有:品牌忠诚度如何,是否规模经济,是否有绝对成本优势,顾客转移成本高低,以及政府管制松紧情况。目前国内刷业市场几乎被源潭镇、范岗镇、杭集镇等刷业集群基地所垄断,对于进入刷业的企业需要具备较强的核心技术,较大的研发投入和较广较深的销售渠道,同时,随着行业主要竞争者地位的确立,新进入者的壁垒越来越高。行业内知名的刷业企业经过多年的发展,已经树立了品牌意识,在市场上具有较高的知名度与影响力,并且积累了广泛且优质的供应商和客户群体。新进入者必须成功建立自己的品牌才能获得发展机会。

(2) 替代品威胁

由于刷业细分种类较多,包括民用刷和工业刷上千个品种,本书选择其中一个细分品种——牙刷行业进行替代品威胁的分析。

牙刷是一种清洁用品,为手柄式刷业。随着科技的不断发展,电动牙刷作为一种新式刷牙工具,其使用范围日渐广泛。目前,中国牙刷市场主要分为手动牙刷与电动牙刷两部分,受到国内居民使用牙刷的习惯及电动牙刷价格较高等因素的影响,中国手动牙刷仍占据市场主导地位,占据全国市场份额的90%以上。随着大众对口腔清洁的重视,电动牙刷的市场份额也在逐渐增长,目前电动牙刷拥有8.46%的市场份额。

3. 议价能力

供应商主要通过其提高投入要素价格与降低单位价值质量的能力,来影响行业现有企业的盈利能力与产品竞争力。供应商力量的强弱主要取决于他们提供给买主的投入要素情况;当供应商提供的投入要素的价值构成买主产品总成本的较大比例、对买主产品生产过程非常重要或严重影响买主产品的质量时,供应商对于买主的潜在讨价还价力量就大大增强。一般来说,满足如下条件的供应商具有比较强大的讨价还价力量:① 供方行业为一些具有比较稳固市场地位而不受市场激烈竞争困扰的企业所控制,其产品的买主很多,以至于每一单个买主都不可能成为供方的重要客户;② 供方各企业的产品各具有一定特色,以至于买主难以转换或转换成本太高,或者很难找到可与供方企业产品相竞争的替代品;③ 供方能方便地实行前向联合或一体化,而买主难以进行后向联合或一体化。刷业主要原材料是猪鬃、马尾、羊毛、钢丝、铜丝等,刷业产品价格依赖上游产品价格,若上游原材料价格波动较大,则企业盈利能力将受到影响,但是像中国猪鬃、马尾等生产行业的厂商较多,产量较大,因此供应商议价能力总体不强。

购买者主要通过其压价与要求提供较高的产品或服务质量的能力,来影响行业现有企业的盈利能力。一般来说,满足如下条件的购买者具有较强的讨价还价能力:① 购买者的总数较少,且每个购买者的购买量均较大,占卖方销售量很大的比例;② 卖方由大量规模相对较小的企业组成;③ 购买者所购买的基本属于标准化产品,且同时向多个卖主购买的行为在经济上也完全可行;④ 购买者有能力实现后向一体化,而卖主不可能前向一体化。由于国内的刷业生产企业众多,随着技术研发的投入增加,产品的数量和质量都将趋于供需均衡状态,故下游用户的议价能力将会增强。

四、小结

当前,中国刷业生产总量位居世界第一,市场巨大且品类齐全,刷业产业链较为完整。中国刷类及清洁用具分会、中国制刷交易网(brush8.com)为行业服务几十年,整合行业资源,链接上下游产业,为行业的发展做出了重要贡献。

我国刷业企业的发展严格执行《中华人民共和国产品质量法》《中华人民共和国清洁生产促进法》《中华人民共和国对外贸易法》《中华人民共和国固体废物污染环境防治法》《刷业行业"十三五"发展规划》《中华人民共和国环境保护法》等政策和规划文件。我国的刷业主要集中在江、浙、粤、皖等沿海和中部地区,各地区由于产品差异性,因此制定的刷业政策和标准各有不同。行业主要协会如中国轻工业联合会、中国日用杂品工业协会及其下属的刷类及清洁用具分会、中国牙刷分会和中国香料香精化妆品工业协会等,负责起草行业执行标准和行业发展规划,建立行业自律性机制。

根据调研所得资料,中国的刷业企业主要集中在华东、华南区域。从目前来看,中国刷业生产企业可以分为两大竞争群组。第一个群组是由国内较大的制刷企业基地组成,安徽潜山市源潭镇以及桐城市范岗镇,扬州杭集,河南鹿邑等。另一个群组包括国内较为分散的制刷企业,他们有的依靠规模取胜。从国内市场来看,虽然制刷企业众多,相比较整体市场份额来说,这些企业的市场份额都较小。

刷业主要原材料是猪鬃、马尾、羊毛、钢丝、铜丝等,刷业产品价格依赖上游产品价格,若上游原材料价格波动较大,则企业盈利能力将受到影响,但是像中国猪鬃、马尾等生产行业的厂商较多,产量较大,因此供应商议价能力总体不强。由于国内的刷业生产企业众多,随着技术研发的投入增加,产品的数量和质量都将趋于供需均衡状态,故下游用户的议价能力将会增强。

第三章 中国刷业生产分析

目前中国市场上刷业的生产企业很多,但是大部分企业规模较小,生产技术水平较低,产品同质化较为严重,且恶性竞争加剧,高端产品与国外知名企业的技术水平差距较大。随着科技的发展,新技术的研发投入,加上国家政策的规范,刷业市场上不断涌现出物美价廉的新品种,传统刷业逐步被取代终将成为必然。

一、中国刷业总量供给状况

1. 国内供给

（1）总体规模

2013年中国刷业产值为1130亿元;2014年中国刷业产值为1235亿元,同比增长9.29%;2015年中国刷业产值为1350亿元,同比增长9.31%;2016年中国刷业产值为1465亿元,同比增长8.52%;2017年中国刷业产值为1570亿元,同比增长7.17%。这表明,2013年至2017年期间中国刷业产量总体呈增长形势,并且增长率一直保持在7%—9%的水平上,但是增速呈下降趋势(图3.1),这与中国宏观总体经济形势基本保持一致。

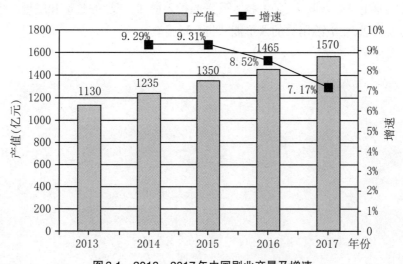

图3.1 2013—2017年中国刷业产量及增速

从国家统计局数据可知,全国规模以上刷业企业2015年产值为448.3亿元;2016年产值为491.3亿元,同比增长9.6%;2017年产值为520.8亿元,同比较上年增长6%(2017年数据结合行业实际情况有所改动)。2015年利润率为5.9%,2016年利润率为5.8%,2017年利润率为5.5%,全国规模以上刷业企业产值和利润率增长率均呈现出下降的趋势(图3.2),这表明全国规模以上刷业近两年受国内宏观经济的影响,发展压力相对加大。

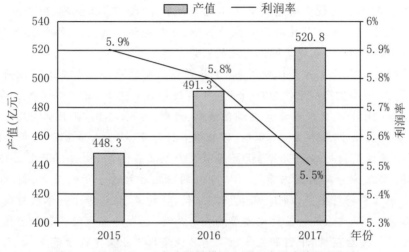

图3.2　2015—2017年中国规模以上刷业企业产值及利润率

(2) 区域分布

中国刷业企业主要集中分布在华东、华南地区(图3.3),其中华东地区占比为63%,华南地区占比为20%,这两个地区刷业企业的占比超过了全国刷业企业的五分之四。中国东部和南方地区经济发达,人口稠密劳动力多,交通便利,市场需求旺盛,应该是影响刷业企业地区分布如此集中的显著原因。

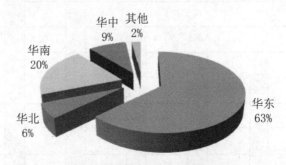

图3.3　2017年中国刷业企业的区域分布

由于中国刷业分布范围较广,各区域情况各有不同。本书仅以潜山市源潭镇和桐城市范岗镇为例,列出专栏介绍两地的刷业状况。

专栏二　中国刷业基地——安徽省源潭镇

安徽省源潭镇制刷业起步于20世纪70年代,到现在经过了40年的洗礼和锤炼,经历了从单一油漆刷到工业刷、民用刷、环卫刷等多种刷制品生产,从原始家庭作坊到源潭经济开发区的标准化厂房,从手工制作到机械化生产,从上门推销到网络营销的转变过程,现已成为潜山市最具特色的区域板块经济。本世纪初,源潭制刷业实现了由家庭作坊生产到园区规模集约化生产的第二次转变,基本实现机械化,生产力得以大幅提高,并带动了原材料生产、信息、网络、物流等相关行业的配套发展。全镇刷类产品也大大丰富,成为集工业刷、民用刷、环卫刷、牙刷、漆刷等多类型的刷产品生产基地,并围绕制刷衍生出胶辊、抛光材料、五金配件加工生产,呈现集群化发展的良好态势。

源潭镇以工业主导型城镇著称,主导产业为制刷业。制刷类工商注册企业1000多家,个体生产经营户2000余家;规模以上企业55家,其中制刷业49家;拥有环卫刷、民用刷、工业刷三大类涵盖滚刷、盘刷、牙刷、漆刷、环卫刷等几千个品种,产品广泛用于建材、食品、卷烟、环卫等多种行业,从业人员2万人,年产值20亿元,企业注册商标达到30个,获得国家级专利证书20个,出口创汇企业18家,工业刷、环卫刷分别占国内市场70%、90%的份额。经过多年的努力,制刷业已形成集刷业原材料生产、加工、研发、销售、信息、物流、培训等于一体相对成熟的市场体系,呈现产业链和集群化发展的良好态势,已成为当地经济和社会发展的重要引擎。先后获批"中国刷业基地""省产业集群专业镇建设示范点"。源潭镇2013年刷业产业集群销售收入41.2亿元,2014年刷业产业集群销售收入49.7亿元,同比增长20.63%;2015年刷业产业集群销售收入56.4亿元,同比增长13.48%;2016年刷业产业集群销售收入66.5亿元,同比增长17.91%;2017年刷业产业集群销售收入73.2亿元,同比增长10.08%(图3.4)。

图3.4　2013—2017年潜山市源潭镇刷业产业集群销售收入及增速

专栏三　中国刷业城——安徽范岗镇

安徽省桐城市范岗镇制刷业起源于20世纪60年代,兴起于20世纪90年代末21世纪初,现已遍地开花,呈现繁荣旺盛的态势。生产形式从一家一户的手工作坊发展到现在的半机械化生产,产品品种也实现了多样化,从单一的笔刷发展到现在的漆刷、滚筒刷、钢丝刷和异形刷等,产品规格从几厘米到几米,一应俱全。带动了注塑加工、机械、建筑材料、物流、住宿、餐饮等产业的大发展,特别是物流业,大小物流企业近50家,每天发往全国各地货物达10000立方米。范岗镇的制刷业已基本形成了原材料供应、生产、包装、物流等相对成熟的产业链。目前,范岗镇的制刷品销售份额已占到国内同类产品市场的60%。主要销售网点集中在东北、乌鲁木齐、义乌等大市场。部分产品还远销东欧、日本、东南亚等国家和地区,年产销售量位居全国同行业特色区域的第三名。2015年外贸出口达1.06亿美元,位居全国同行业第三名,本镇30%以上的公民依靠这个传统的制刷业,逐步走上了致富道路。在长达50年的发展历程中,范岗镇的制刷品牌逐渐被全国消费者认可,并成为业内的领头雁。2009年,范岗镇制刷业产值达到15.9亿元,到2015年产值达到40.35亿元,占全镇所有工业总产值的70%。

2. 国外供给

在海关总署统计信息网上,对刷业没有单独统计,由于中国刷业细分种类较多,海关统计的种类也较多,本报告选取商品名称"猪鬃制漆刷及类似刷"(海关编码:96034011)及"环卫刷"进行进口分析,仅供参考。

(1)猪鬃制漆刷及类似刷

①"猪鬃制漆刷及类似刷"进口。2015年"猪鬃制漆刷及类似刷"进口量14.8万把,进口额15.1万美元;2016年"猪鬃制漆刷及类似刷"进口量6.8万把,同比下降54.1%,进口额11.1万美元,同比下降26.7%;2017年"猪鬃制漆刷及类似刷"进口量162.2万把,同比增长2294.9%,进口额12.88万美元,同比增长16%(图3.5)。2017年的进口量较2016年的进口量大幅增多,而进口额仅同比增长16%,出现这种现象的原因可能是猪鬃毛刷产业的成熟带来的成本降低,或是海关因国内需求剧增对猪鬃制漆刷的政策放宽,其中统计口径的不同也可能带来一定影响。

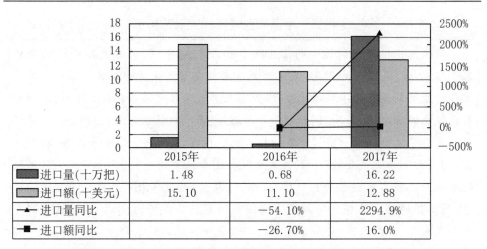

图3.5 2015—2017年"猪鬃制漆刷及类似刷"进口量/金额及增速

② "猪鬃制漆刷及类似刷"进口区域情况。2018年1月"猪鬃制漆刷及类似刷"主要进口国家或地区有美国、日本、英国、奥地利、德国等(表3.1)。来自英国的数量最多,达到5889把。最低的为澳大利亚,只有1把且金额最低为2美元。从进口总金额来看,美国最多,达5023美元。增速最高的也是美国,为3909.7%,最低的德国则为-76.3%。

表3.1 2018年1月"猪鬃制漆刷及类似刷"主要来源地

国家(地区)	数量(把)	金额(美元)	数量同比	金额同比
502美国	1243	5023	3909.7%	8134.4%
116日本	1008	1713	126%	0.6%
303英国	5889	1551	65.3%	-44%
315奥地利	201	1085	0	0
143台澎金马关税区	480	1052	152.6%	267.8%
304德国	399	1035	-76.3%	-43.1%
142中国	628	829	67.9%	148.9%
330瑞典	7	404	-80%	-50.7%
307意大利	56	370	-63.6%	-53.3%
305法国	504	69	0	0
601澳大利亚	1	2	0	0

资料来源:海关总署整理。

(2) 环卫刷

① "环卫刷"进口。2014年"环卫刷"进口量为210.35万把,进口额为528.36万美元;2015年"环卫刷"进口量为224.69万把,同比增长6.82%,进口额为634.79万美元,同比增长9.00%;2016年"环卫刷"进口量为235.08万把,同比增长4.62%,进

口额为701.25万美元,同比增长10.47%;2017年"环卫刷"进口量为246.73万把,同比增长4.96%,进口额为764.48万美元,同比增长9.02%(图3.6)。随着环保力度的加大,环卫刷的进口量在逐年增加。

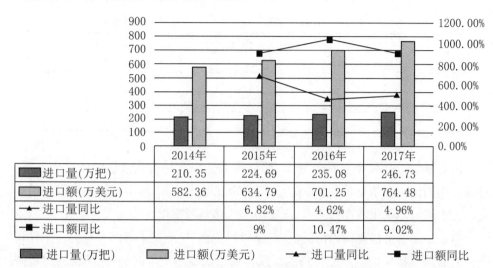

图3.6 2014—2017年"环卫刷"进口量/金额及增速

②"环卫刷"进口区域情况。我国环卫刷主要进口国家或地区为日本、韩国、美国、德国、马来西亚等,其中,日本占比为16.88%,韩国占比为15.24%,美国占比为13.71%,德国占比为13.35%,马来西亚占比为10.42%,其他国家或地区占比为30.40%。中国环卫刷行业国家进口结构如图3.7所示。

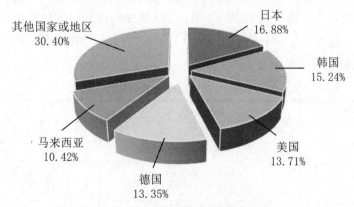

图3.7 中国环卫刷行业国家进口结构

二、刷业细分行业价格和产量分析

2015年中国刷业规模以上企业产值为448亿元,2016年中国刷业规模以上企业产值为491亿元,同比增长9.6%;2017年中国刷业规模以上企业产值为521亿元,同比增长6.1%;2018年预计规模以上企业产值达到530亿元,同比增长1.7%(表3.2)。可见,行业面临着越来越严峻的外部环境压力,高速增长时代已经结束。

表3.2 2015—2018年中国刷业规模以上企业产值及利润率

年份	行业总产值(亿元)	利润率
2015	448.3	5.9%
2016	491.3	5.8%
2017	520.8	5.5%
2018	530	5%

注:2017年数据结合行业实际情况有所调整。

刷业从细分产品来看种类繁多,所以我们选择几种有代表性的产品来分析。目前民用刷国内产值估计在500亿元,国内市场基本饱和,但美国的涂料刷市场很大。工业刷与工业化成互补关系,市场需求产品不断变化。

刷业产品的价格与国内市场供需、原材料价格、生产技术等因素有关。原材料价格的涨跌直接影响着产品价格的涨跌。而市场供不应求时,产品价格将出现一定程度的上涨,反之则会下降。另外,生产技术的提高、竞争对手的数量也会对产品价格造成影响。一般来说,价格应尽量反映成本因素,成本高,产品价格也相应高,否则企业的利润会大受影响。但在激烈的市场竞争中,在买方市场氛围下,则不应使产品成本过分地影响定价。随着市场经济的日益成熟,企业间的市场竞争势必愈演愈烈。在同等质量条件下,企业竞争的焦点是价格,支撑价格的基础是成本。那么,企业要在市场竞争中取得胜利,就要在保证质量的前提下不断降低成本,增加企业在市场竞争中的实力。表3.3和表3.4分别为国内部分刷类价格和我国出口的几种主要刷类产品价格。

表3.3 国内部分刷类的价格

	刷业种类	价格
民用刷	普通牙刷	2—10元/支
	普通电动牙刷	80—120元/支
	高档电动牙刷	300元/支左右
	普通油漆刷、涂料刷	2—10元/个
工业刷	高质量猪鬃抛光刷	300—500元/个
	手机刷	2000—10000元/个
	普通工业抛光刷	30—130元/个
环卫刷	环卫圆盘刷	70—130元/个
	环卫扫雪刷片	4—10元/个

表3.4　2017年出口的几种主要刷类产品平均价格

刷业种类	刷业种类	价格
民用刷	牙刷（包括齿板刷）	0.12美元/把
	剃须刷、发刷、指甲刷、睫刷业及其他梳妆用刷	0.28美元/支
	猪鬃制漆刷及类似刷	0.27美元/把
	其他漆刷及类似刷	0.31美元/把
	油漆块垫及滚筒	0.36美元/把
工业刷	作为机器、器具零件的金属丝刷	0.61美元/个
	作为车辆零件的金属丝刷	0.47美元/个
	其他作为机器、器具零件的刷	0.25美元/个
	其他作为车辆零件的刷	0.57美元/个
环卫刷	环卫刷	2.08美元/把

从上述刷业国内外市场价格表现来看，中国出口的刷类产品价格甚至比国内还要低。但工业刷价格较民用刷价格高。所以总体上看，中国出口的刷业产品主要集中在中低端类产品上。

未来随着行业内供给能力的不断提升以及行业内生产企业的不断增多，市场竞争将会加剧，刷业产品价格存在着下降风险，主要原因是生产工艺不断成熟，生产成本不断下降，导致产品的价格下降，但整体下降幅度不会太大。价格的下降也将给行业快速发展带来好处，有利于刷业产品的销售，且市场规模将不断增加。

三、刷业产品运营效益分析

1. 2013—2017年刷业销售毛利率

销售毛利率是毛利占销售净值的百分比，通常称为毛利率。其中毛利是销售净收入与产品成本的差。销售毛利率计算公式：销售毛利率=（销售净收入－产品成本）/销售净收入×100%。

从上述行业销售毛利率来看，过去5年平均水平维持在20%以上（图3.8）。这一指标高于中国制造业平均水平，表示从刷业整体来看经营效益较好。

图 3.8　2013—2017 年刷业销售毛利率

2. 2013—2017 年刷业销售利润率

销售利润率＝利润总额/营业收入×100%。这个指标里面的利润总额已经剔除了各种间接费用，与销售毛利率比，这个指标缩水一半(图3.9)，说明中国刷业企业的管理还有改善的空间。成本含生产成本和管理成本，生产成本难以减小，但管理成本取决于企业文化、企业架构、组织效率和管理人才，而其中最核心的就是管理人才。因此，未来刷业企业运营效益的提升某种意义上取决于人才的管理。

图 3.9　2013—2017 年刷业销售利润率

3. 2013—2017 年刷业总资产利润率

总资产利润率代表的是一种企业利用资金进行盈利活动的基本能力，这一比率多应用于讨论企业资产负债的情况，总资产利润率＝利润总额/资产平均总额。从图3.10可以看出刷业总资产利润率趋于平稳。

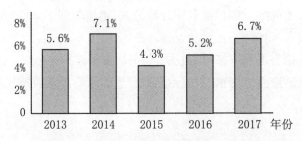

图 3.10　2013—2017 年刷业总资产利润率

4. 2013—2017年刷业净资产利润率

净资产利润率是衡量上市公司盈利能力的重要指标,是指利润额与平均股东权益的比值。该指标越高,说明投资带来的收益越高;净资产收益率越低,说明企业所有者权益的获利能力越弱。该指标体现了自有资本获得净收益的能力。图3.11为2013—2017年刷业净资产利润率。

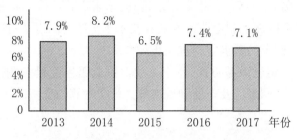

图3.11　2013—2017年刷业净资产利润率

5. 2013—2017年刷业产值利税率

产值利税率=(利税总额/工业总产值)×100%,是表明企业报告期利润和税金同工业总产值对比关系的指标。该指标也是中国相关部门定期公布评比的经济效果指标之一,也是匡算国家财政收入的重要参考数据。产值利税率通常以每百元产值提供的利税额表示。按报告期内实现的利润和上缴税金的总额同该期间所生产的工业总产值对比计算求得。图3.12为2013—2017年刷业产值利润率。

图3.12　2013—2017年刷业产值利税率

四、小结

从国内供给来看,2013年至2017年间中国刷业产量总体呈增长形势,全国规模以上刷业企业产值和利润率增长率均呈现出下降的趋势。中国刷业企业主要分布集中在华东、华南地区。国外供给方面,"猪鬃制漆刷及类似刷"进口量与进口额增幅不一致,可能受到相关政策的影响。随着环保力度的加大,环卫刷的进口量在逐年增加,我国环卫刷主要进口国家为日本、韩国、美国、德国、马来西亚等。刷业细分行业价格和产量方面,中国出口的刷类产品价格甚至比国内还要低,但环卫刷比工业刷和民用刷价格高,民用刷价格最低。

刷业细分行业结构和市场容量方面,传统的民用刷价格低廉、产量大、生产工艺成熟,其生命周期已处于成熟期;而新品种民用刷及工业刷市场单价高、发展日新月异,特别是随着工业需求结构上定制需求的增加,将会进一步推动刷业的极大发展;环卫刷市场需求量较大,市场远未饱和,未来5年至10年将是环卫刷发展的黄金时期。随着中国加工制造业的发展和技术水平的提高以及对质量要求的不断提升,中国市场对刷子的需求空间进一步加大。

刷业细分产品运营效益方面,本书主要对刷业销售毛利率、销售利润率、总资产利润率、净资产利润率以及产值利税率等进行了测算与分析。

第四章　中国刷业需求状况

一、中国刷业国内需求

近五年,中国刷业产品需求保持持续增长,这其中的原因可能是消费者生活水平的提高及对刷业需求的多样化,同时刷业产业产能和产量的提高及技术水平的提升也反作用于消费者需求,从而使消费者消费水平一直保持增长,并在2015年刷业产品需求同比增长率达到最高8.95%。2013年我国刷业市场规模为880亿元;2014年为950亿元,同比增长7.95%;2015年为1035亿元,同比增长8.95%;2016年为1120亿元,同比增长8.21%;2017年为1208亿元,同比增长7.86%(图4.1)。

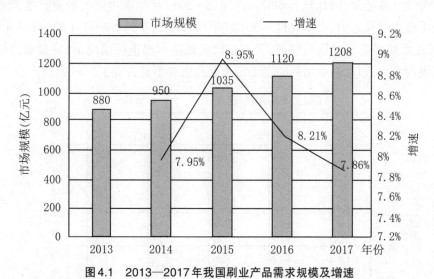

图4.1　2013—2017年我国刷业产品需求规模及增速

1. 主要区域需求

据图4.2所示,华东地区的刷业需求最大,达到总量的45%;华南地区的需求紧随其后达到了21%,华北地区的需求是18%,华中地区为10%,其他地区为6%。从数据也可以看出,刷业的地区需求差别还是很大的,一般而言越发达的地区刷业需求越高。

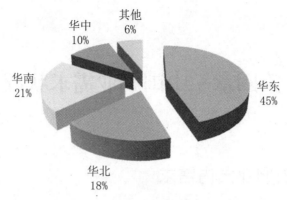

图4.2 2017年国内刷业区域需求占比

(1) 华东地区需求

华东地区是我国人口、经济、交通发展最发达的地区,其中,以上海、浙江及江苏等省份为代表的交通运输、金融、房地产等行业位居全国前列。因此,从上下游的角度来说,华东地区也是我国刷业产品的重点需求、消费区域。

2013年华东地区刷业市场规模大约为401亿元,2014年为435亿元;同比增长8.48%;2015年为469亿元,同比增长7.82%;2016年为510亿元,同比增长8.74%;2017年为544亿元,同比增长6.67%。2013—2017年华东地区的刷业产品需求一直处于稳步增长之中,市场规模从2013年的401亿元涨到了2017年的544亿元(图4.3),这可能得益于经济的发展,人们在已满足基本温饱的情况下,更多地会选择更高级的消费,因此刷业用品的逐年需求上升也就不足为奇了。

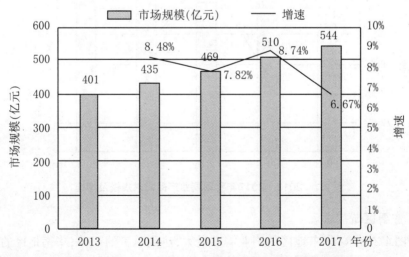

图4.3 2013—2017年华东地区刷业产品需求规模及增速

（2）华南地区需求

华南地区的广东省是目前我国交通和经济发展最迅速的地区，其无论从下游行业发展状况还是刷业产业发展趋势，都对刷业行业提出了较高的需求，其中广州等城市的电子产业已经走在了全国的前列。因此，综合来说，华南地区也是我国刷业行业的主要需求区域。

2013年华南地区刷业市场规模为182亿元，2014年为228亿元；同比增长8.57%；2017年为255亿元，同比增长11.84%。2013—2017年，华南地区的刷业市场规模逐年增加，并且增速也在逐年提高，从7.14%到7.69%再到8.57%，2017年的同比增长甚至超过了10%（图4.4），这说明华南地区的市场潜力很高，可以着重关注这个地区。

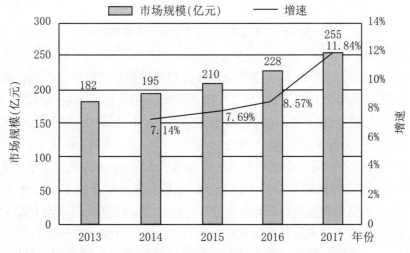

图4.4　2013—2017年华南地区刷业产品需求规模及增速

2. 行业需求结构

由于刷业的产品非常复杂，产品种类达上千种之多。本书以常见的几种主要刷子为例，探讨刷业行业的发展情况。

从用户需求结构看，多样化的刷具产品满足不同用户的需求，其中用户需求占比较大的刷具主要包括工业抛光刷、工业防尘刷、牙刷、涂装用刷、化妆刷以及环卫刷。其中，2017年，工业抛光刷用户需求占比17%，工业防尘刷占比14%，牙刷占比12%，涂装用刷占比7%，化妆刷占比3%，环卫刷为1.23%，其他种类刷业占比45.77%（图4.5）。可见在我国刷具的用途主要集中于工业生产加工、建筑装修和居民生活日用。因此，我国刷业生产企业的发展应重点关注这些领域的客户群。

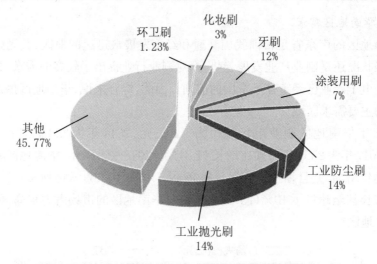

图4.5 2017年国内刷业主要细分行业需求结构

（1）民用刷

① 化妆用刷需求。化妆用刷是指化妆过程中用到的毛刷产品。2013年我国化妆用刷市场规模为18.5亿元；2014年市场规模为22.1亿元，同比增长19.46%；2015年市场规模为26.8亿元，同比增长21.27%；2016年为31.3亿元，同比增长16.79%；2017年为36.5亿元，同比增长16.61%。

2013—2017年我国化妆用刷市场规模迅速扩大，五年内的平均增长速度高达18.5%（图4.6），市场规模由2013年的18.5亿元扩大到2017年的36.5亿元，由此可见，随着近年来消费观念的转变和消费升级的拉动，我国民众对于化妆用刷的需求量大幅增加，化妆用刷市场具有极大的发展潜力。虽然市场规模不断扩大，但从市场规模增长率的变化趋势看，2015年以前我国化妆刷市场规模加速扩张，而从2016年开始，市场规模增速明显开始放缓，2016年市场规模增长率相较于2015年下跌了4.48个百分点，紧接着2017年相较于2016年又下降了0.18个百分点，原因可能在于化妆用刷行业逐步进入成熟期，竞争日趋激烈，另外，2015年基数较大或亦对增速放缓造成一定影响。

② 牙刷需求。2013年我国牙刷市场规模为115亿元，2014年为122亿元，同比增长6.09%；2015年为130亿元，同比增长6.56%；2016年为139亿元，同比增长6.92%；2017年为146亿元，同比增长5.04%。2013—2017年我国牙刷市场规模稳步扩大，五年内的平均增长速度为6.15%，市场规模由2013年的115亿元扩大到2017年的146亿元，说明随着民众口腔健康意识的提高，人们对于牙刷的需求量不断提升，牙刷产业尚处于稳定发展阶段。从牙刷市场规模增长率的变化趋势看，2013—2016年增长率平稳增加，而从2017年增速开始回落，2017年增长率相较于2016年减少了1.88个百分点，这可能与行业进入差异化竞争阶段以及城镇居民人

均消费性支出减少等因素有一定联系。

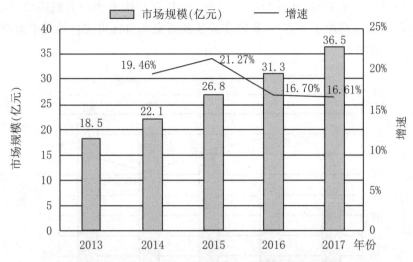

图4.6 2013—2017年化妆刷市场需求规模及增速

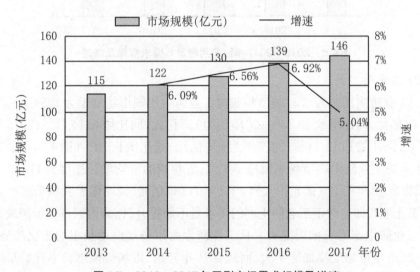

图4.7 2013—2017年牙刷市场需求规模及增速

③ 涂装用刷需求。涂装用刷是指建筑涂料刷。2013年我国涂装用刷市场规模为46亿元；2014年为55亿元，同比增长19.57%；2015年为65亿元，同比增长18.18%；2016年为75亿元，同比增长15.38%；2017年为88亿元，同比增长17.33%。2013—2017年我国涂装用刷市场规模迅速扩大，五年内的平均增长速度高达17.6%，市场规模由2013年的46亿元扩大到2017年的88亿元，翻了近一番，这说明随着我国近年来城镇化水平的提高以及房地产市场的发展，涂装刷需求量逐年快速增加。从市场规模增长率的变化趋势看，受经济新常态的影响，涂料行业

受到下行压力,进而影响涂装用刷需求增速,具体表现在2013—2016年涂装用刷市场规模增速逐年下降,而从2017年开始,增长率开始出现回升趋势,2017年较2016年的增速仅增加了1.95%,此转变或受到国家大力推进三四线城市地产去库存等因素的影响。

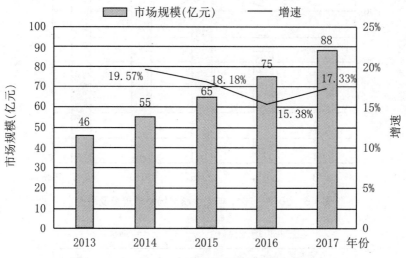

图4.8 2013—2017年涂装用刷市场需求规模及增速

(2) 工业刷

① 工业防尘用刷需求。2013年我国工业防尘用刷市场规模为105亿元;2014年为118亿元,同比增长12.38%;2015年为135亿元,同比增长14.41%;2016年为150亿元,同比增长11.11%;2017年为165亿元,同比增长10%(图4.9)。2013—2017年我国工业防尘刷市场规模稳步扩大,五年内的平均增长速度为11.98%,市场规模由2013年的105亿元扩大到2017年的165亿元,说明随着我国第二产业的发展,工业生产加工对于工业防尘刷的需求量不断提升,作为占据市场份额最大的刷具,工业防尘刷需求依旧庞大。从工业防尘刷市场规模增长率的变化趋势看,2013—2015年市场规模加速扩大,而从2016年开始,市场规模增长率开始呈现下降趋势,2016年增速较2015年回落3.3个百分点,2017年继续下跌1.11个百分点,这一现象或与我国近年来日益推进的产业结构转型导致的工业产值增速减缓有一定关系。

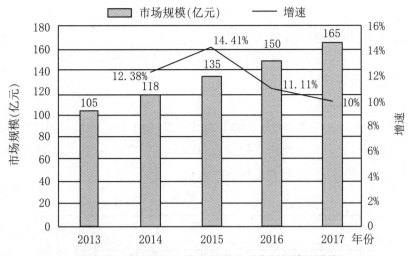

图4.9 2013—2017年工业防尘刷市场规模及增速

（3）环卫刷

2014年我国环卫刷市场规模为11.93亿元，2015年为13.05亿元；同比增长9.35%；2016年为13.95亿元，同比增长6.91%；2017年为15.30亿元，同比增长9.69%；2018年为16.49亿元，同比增长7.77%（图4.10）。2014—2018年我国环卫刷市场规模逐步平稳扩大，五年内的平均增长速度为8.43%，市场规模由2014年的11.93亿元扩大到2018年的16.49亿元，说明随着我国环保力度的增加，我国对环卫刷的需求也逐步增加。从环卫刷市场规模增长率的变化趋势看，2014—2015年市场规模增速迅速提高，而从2016年开始，市场规模增长率开始呈现下降，2016年增速较2015年回落2.44个百分点，2017年又重新上升，增长了2.78个百分点，2018年又再次回落1.92个百分点。

图4.10 2014—2018年环卫刷市场规模及增速

二、中国刷业出口状况

1. 民用刷出口状况

（1）牙刷出口状况

根据我国轻工业联合会和海关总署统计数据（图4.11），2013—2017年，我国牙刷（包括齿板刷）出口数量保持平稳增长，从43.36亿支增长至53.25亿支，2016年增长最快，达到10.55%，出口势头相对较好。

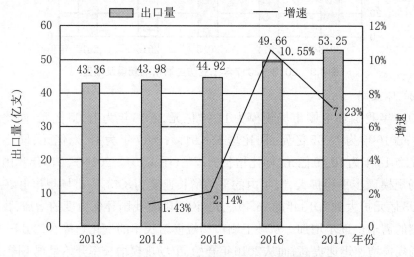

图4.11　2013—2017年我国牙刷出口规模及增速

近五年，我国牙刷出口量前十名的省级行政区分别为江苏省、广东省、浙江省、河北省、广西壮族自治区、山东省、新疆维吾尔自治区、湖北省、上海市、福建省（表4.1）。其中，2017年，江苏省牙刷的出口量占全国的60.3%，这与我国牙刷之都扬州市的贡献有着重要关系。

表4.1　2013—2017年中国牙刷出口量前十地区

省份	2013年	2014年	2015年	2016年	2017年
江苏	2669.51	2659.94	2648.28	3022.48	3177.78
广东	549.38	579.34	674.70	685.90	746.96
浙江	530.70	493.72	467.58	507.32	571.63
河北	143.88	160.14	167.29	163.60	185.45
广西	132.86	163.46	181.82	186.70	162.25
山东	50.58	72.98	89.77	110.09	125.98
新疆	13.85	17.56	17.25	70.88	124.79

续表

省份	2013年	2014年	2015年	2016年	2017年
湖北	55.93	52.87	73.45	69.39	97.20
上海	122.60	124.45	102.10	78.81	64.91
福建	25.79	27.01	16.99	22.37	12.96

2017年,我国牙刷出口前十的国家分别是:美国、日本、印度、韩国、巴西、尼日利亚、英国、塔吉克斯坦、德国(表4.2)。其中,我国牙刷对美国的出口最多,占总出口量的35.54%;其次是对日本的出口,占比12.5%。

表4.2　2017年我国牙刷出口量前十国家(单位:亿把)

国家	出口量
美国	10.2
日本	3.6
印度	2.8
韩国	2.6
巴西	2.4
尼日利亚	1.8
英国	1.6
塔吉克斯坦	1.4
德国	1.3
阿联酋	1

(2)制漆刷出口状况

根据行业分类,我国制漆刷主要分为两种:猪鬃制漆刷及类似刷、其他漆刷及类似刷。

① 猪鬃制漆刷及类似刷出口情况。2013—2017年我国猪鬃制漆刷及类似刷出口量呈现先增加后下降态势(图4.12),猪鬃制漆刷及类似刷出口量2015年达到6.59亿把后一直快速下降,2017年出口量下降到6.08亿把。

近五年,我国猪鬃制漆刷及类似刷出口量前十名的省市分别为江苏省、浙江省、山东省、广东省、安徽省、河北省、江西省、天津市、上海市、湖北省(表4.3)。其中,2017年,江苏省猪鬃制漆刷及类似刷的出口量为312.01百万把,比其他九省之和还要多,其比重占全国的53.56%。

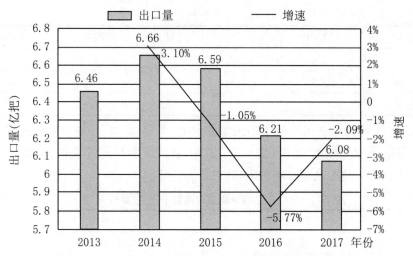

图 4.12　2013 年我国猪鬃制漆刷及类似刷出口规模及增速

表 4.3　2013—2017 年中国猪鬃制漆刷出口量前十地区（单位：百万把）

省份	2013年	2014年	2015年	2016年	2017年
江苏	327.70	364.96	345.47	320.85	312.01
浙江	89.52	75.02	77.35	71.38	74.32
山东	53.94	42.82	42.97	46.92	44.40
广东	50.27	35.53	41.58	29.65	21.88
安徽	10.03	14.75	23.38	33.02	33.13
河北	18.01	22.53	31.67	26.77	31.89
江西	13.73	18.00	19.40	18.25	23.11
天津	17.38	14.25	14.37	15.19	14.51
上海	16.28	22.34	19.26	14.69	18.69
湖北	5.88	5.41	5.29	6.42	8.64

② 其他漆刷及类似刷出口情况。我国其他漆刷及类似刷出口量 2013—2017 年总体呈上涨态势（除 2015 年外），由 2013 年的 5.56 亿把增加到 2017 年的 8.17 亿把，增长了近 50%（图 4.13），增幅较大，不以猪鬃为原材料的油漆刷产量超过猪鬃漆刷，这可能与我国近年来加大对环境保护力度，其他漆刷及类似刷较猪鬃制漆刷及类似刷对环境的污染更小。

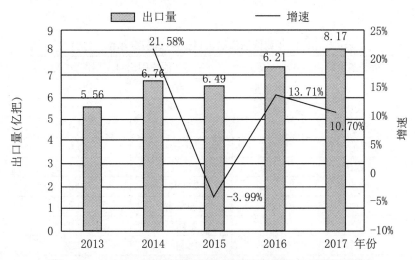

图4.13 2013—2017年我国其他漆刷及类似刷出口规模及增速

近五年,我国其他漆刷及类似刷出口量前十名的省级行政区分别为江苏省、浙江省、广东省、山东省、上海市、天津市、安徽省、河南省、新疆维吾尔自治区、河北省(表4.4)。其中,2017年,江苏省其他漆刷及类似刷的出口量为434.83百万把,比其他九省之和还多,其比重占全国的53.76%。

表4.4 2013—2017年中国其他漆刷出口量前十地区(单位:百万把)

省份	2013年	2014年	2015年	2016年	2017年
江苏	278.67	340.65	339.82	402.62	434.83
浙江	101.57	10.66	106.34	122.24	144.95
广东	48.86	71.42	72.57	79.75	91.08
山东	32.90	53.51	44.02	45.68	49.46
上海	61.75	60.55	53.82	49.43	37.66
天津	5.26	9.50	9.19	12.54	16.32
安徽	3.59	10.93	8.22	10.94	13.58
河南	0.26	0.20	0.38	0.49	12.01
新疆	5.79	8.19	4.67	3.74	5.78
河北	3.48	4.60	2.40	2.92	3.13

2017年,我国油漆刷(主要为猪鬃制漆刷及类似刷、其他漆刷及类似刷)出口前十的国家分别是:美国、俄罗斯、印度尼西亚、德国、墨西哥、菲律宾、英国、泰国、日本、荷兰,我国其他漆刷及类似刷出口量前十的国家分别是:美国、英国、德国、荷兰、日本、加拿大、墨西哥、比利时、澳大利亚、俄罗斯(表4.5)。其中,我国油漆刷对美国的出口最多,猪鬃制漆刷出口0.7亿把,占同类出口总量的20%;其他漆刷对美国出口2.8亿把,占同类出口近50%,由此可见,美国市场是我国油漆刷出口的

主要目的地。

表4.5 2017年我国油漆刷出口量前十国家（单位：亿把）

猪鬃制漆刷出口主要国家		其他漆刷出口主要国家	
国家	出口量	国家	出口量
美国	0.7	美国	2.8
俄罗斯	0.5	英国	0.6
印度尼西亚	0.5	德国	0.6
德国	0.3	荷兰	0.4
墨西哥	0.3	日本	0.3
菲律宾	0.3	加拿大	0.3
英国	0.3	墨西哥	0.2
泰国	0.2	比利时	0.2
日本	0.2	澳大利亚	0.2
荷兰	0.2	俄罗斯	0.2

（3）梳妆刷出口状况

2013—2017年，我国梳妆用刷出口总量增幅较大（除2014年外），近三年增长率都在10%左右，增长最快的年份是2015年，达到21.37%（图4.14）。

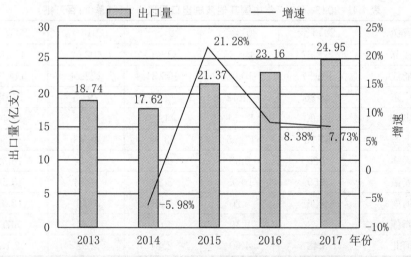

图4.14 2013—2017年我国梳妆用刷出口规模及增速

近五年，我国梳妆用刷出口量前十名的省市分别为广东省、浙江省、江苏省、河北省、天津市、上海市、山东省、福建省、辽宁省、河南省（表4.16）。其中，2017年，梳妆用刷出口排在前三位的分别是广东省、浙江省和江苏省，出口量分别为902.82百万支、549.44百万支、423.83百万支，出口占比分别为：36.68%、22.32%、17.22%。

表4.6　2013—2017年中国梳妆用刷出口量前十地区（单位：百万支）

省份	2013年	2014年	2015年	2016年	2017年
广东	485.15	548.47	791.93	815.14	902.82
浙江	396.40	357.80	367.45	455.56	549.44
江苏	352.61	241.29	321.90	394.03	423.83
河北	144.39	126.21	144.87	174.88	159.25
天津	118.30	124.09	123.95	137.61	122.46
上海	177.54	130.48	130.48	112.48	112.18
山东	107.18	106.95	144.12	108.10	93.60
福建	41.03	34.21	36.34	44.12	37.16
辽宁	35.11	34.39	29.91	30.29	32.19
河南	3.75	10.89	18.24	24.01	28.57

2017年，我国梳妆用刷出口前十的地区分别是美国、法国、日本、巴西、韩国、英国、德国、我国香港、俄罗斯联邦、加拿大（表4.7）。北美市场是我国梳妆用刷出口最大的地区，2017年达到8.8亿支，超过我国梳妆用刷出口量的50%，其中，美国为8.3亿支，占全部出口的45.6%。

表4.7　2017年我国梳妆用刷出口量前十地区（单位：亿支）

国家（地区）	出口量
美国	8.3
法国	1.9
日本	1.7
巴西	1.4
韩国	1.1
英国	1.1
德国	0.9
中国香港	0.7
俄罗斯	0.6
加拿大	0.5

2. 环卫刷出口状况

通过观察图4.15，我国环卫刷出口量在2014—2018年呈现出上涨趋势，从2014年的1541.15万把增长到2018年的1846.1万把，同比2017年增长了3.83%。而近几年我国环卫刷同比增长率呈现出下降的趋势，这说明我国环卫刷国外市场空间可能受到各种因素的影响扩大速度减慢。

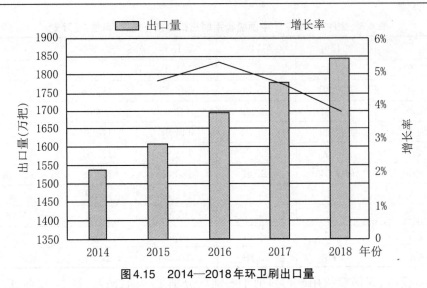

图4.15　2014—2018年环卫刷出口量

2018年,我国环卫刷出口前五的国家分别是美国、俄罗斯、日本、韩国、英国（表4.13）。我国对美国环卫刷出口量最大达到413.25万把,占全部出口的22.38%;其次,俄罗斯是第二大出口国,达到358.41万把,占全部出口的比重超过19.41%。

表4.13　2018年中国环卫刷行业出口流向结构（单位:万把）

国家（地区）	出口量
美国	413.25
俄罗斯	358.41
日本	189.27
韩国	161.38
英国	127.96
其他国家或地区	596.24

3. 工业刷出口状况

工业用刷主要分为三类,分别是:作为机器、器具零件的金属丝刷,作为机器、器具零件刷,作为车辆零件的刷。

(1) 作为机器、器具零件的金属丝刷出口

2013—2017年,我国作为机器、器具零件的金属丝刷出口总量相对较为稳定,基本稳定在1.3亿—1.6亿个（图4.16）;但增长态势波动相对较大,增长最快的年份是2017年,达到14.18%;而2015年却负增长12.18%。

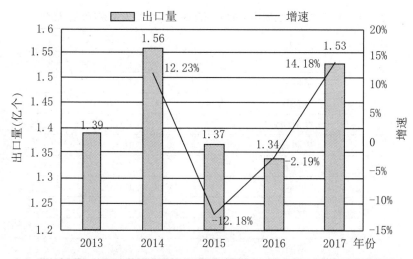

图4.16 2013年我国作为机器、器具零件的技术金属丝刷出口规模及增速

近五年,我国机器零件的金属丝刷出口量前十名的省市分别为浙江省、江苏省、上海市、广东省、山东省、河北省、湖北省、四川省、安徽省、福建省(表4.8)。其中,2017年,浙江省作为机器零件的金属丝刷的出口量为100.89百万个,远超过其他九省,其比重占全国的66.7%。

表4.8 2013—2017年中国机器零件的金属丝刷出口量前十地区(单位:百万个)

省份	2013年	2014年	2015年	2016年	2017年
浙江	81.51	82.76	87.73	87.89	100.89
江苏	13.49	15.50	14.52	14.40	20.55
上海	15.97	15.36	16.56	13.10	14.38
广东	6.50	32.89	8.88	8.74	5.33
山东	4.03	4.08	3.03	2.93	4.77
河北	0.51	0.49	0.75	1.05	1.48
湖北	0.18	0.14	0.09	0.10	1.25
四川	1.75	1.07	1.05	0.89	0.98
安徽	0.27	0.34	0.70	0.66	0.84
福建	0.57	0.42	0.82	0.54	0.78

2017年,我国机器零件的金属丝刷出口前十的国家分别是美国、俄罗斯、越南、印度尼西亚、墨西哥、德国、日本、巴西、波兰、英国(表4.9)。我国对美国机器零件的金属丝刷出口量最大达到0.29亿个,占全部出口的1/3;其次,俄罗斯是第二大出口国,达到0.11亿个,占全部出口的比重超过10%。

表4.9 2017年我国机器零件的金属丝刷出口量前十国家(单位:亿个)

国家	出口量
美国	0.29
俄罗斯	0.11
越南	0.09
印度尼西亚	0.07
墨西哥	0.07
德国	0.07
日本	0.05
巴西	0.04
波兰	0.04
英国	0.04

(2)作为机器、器具零件刷出口

2013—2017年,我国作为机器、器具零件刷出口总量逐年增加(图4.17),由2013年的1.95亿个增长到2017年的3.27亿个,增长了67%;但是增速呈U形态势,2014年较上年增长35.38%,2017年较上年增长17.63%,其余年份增长在5%以内。

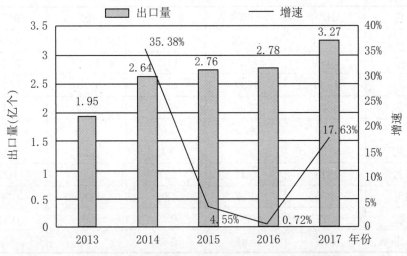

图4.17 2013—2017年我国作为机器、器具零件的刷出口规模及增速

近五年,我国作为机器零件的刷出口量前十名的省市分别为广东省、江苏省、浙江省、上海市、天津市、福建省、安徽省、北京市、山东省、河北省(表4.10)。其中,2017年,浙江省作为机器零件的刷的出口量为190.19百万个,远超过其他九省之和,其出口比重占全国的58.2%。

表4.10 2013—2017年中国作为机器零件的刷出口量前十地区（单位：百万个）

省份	2013年	2014年	2015年	2016年	2017年
广东	104.67	147.73	168.33	151.48	190.19
江苏	25.74	55.39	54.77	68.67	78.86
浙江	41.29	37.70	41.82	50.54	46.59
上海	19.67	18.92	7.39	3.61	7.56
天津	1.45	1.66	1.13	1.15	1.22
福建	0.20	0.14	0.50	0.96	1.11
安徽	0.67	0.68	0.92	0.61	0.71
北京	0.18	0.01	0.01	0.01	0.23
山东	0.20	0.25	0.05	0.21	0.22
河北	0.08	0.46	0.12	0.17	0.08

2017年，我国其他作为机器零件的刷出口前十的国家或地区分别是我国香港、美国、韩国、印度、新加坡、德国、日本、法国、越南、伊朗（表4.11）。我国对我国香港作为机器零件的刷出口量最大达到1.5亿个，占总出口的53.19%；其次，美国是第二大出口国，达到0.6亿个，占总出口的比重超过20%。

表4.11 我国作为机器、器具零件的刷出口量前十的国家或地区（单位：亿个）

国家（地区）	出口量
中国香港	1.5
美国	0.6
韩国	0.2
印度	0.2
新加坡	0.1
德国	0.07
日本	0.04
法国	0.04
越南	0.04
伊朗	0.03

（3）作为车辆零件的刷出口

2013—2017年，我国作为车辆零件的刷出口总量波动较大（图4.18），2015年和2016年下降幅度很大，由2014年的9百万个，下降到2016年的2.22百万个，下降幅度极大；但是2017年车辆零件的刷出口总量又明显增长，2017年出口达到4.8百万个，较上一年增长1倍多。

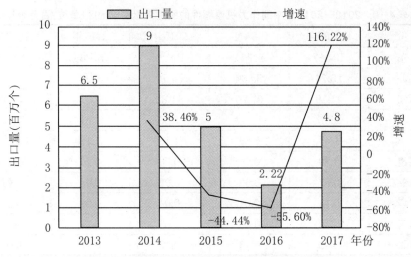

图4.18 我国作为车辆零件的刷出口规模及增速

近五年,我国作为车辆零件的刷出口量前十名的省市分别为浙江省、江苏省、广东省、山东省、安徽省、河北省、上海市、北京市、福建省、天津市(表4.12)。其中,2017年,浙江省和江苏省出口量最多,两者出口共占全国出口比重的70%。其中,浙江省作为车辆零件的刷的出口量为1.54百万个,出口比重占全国的36.56%;江苏省作为车辆零件的刷的出口量为1.38百万个,出口比重占全国的32.73%。

表4.12 2013—2017年中国车辆零件的刷出口量前十地区(单位:百万个)

省份	2013年	2014年	2015年	2016年	2017年
浙江	1.30	0.98	1.28	0.67	1.54
江苏	3.67	6.99	2.79	0.46	1.38
广东	0.56	0.17	0.07	0.13	0.32
山东	0.28	0.24	0.26	0.24	0.24
安徽	0.05	0.11	0.10	0.11	0.20
河北	0.09	0.07	0.10	0.12	0.18
上海	0.29	0.18	0.22	0.13	0.16
北京	0.16	0.18	0.10	0.23	0.13
福建	0.07	0.10	0.04	0.05	0.05
天津	0	0	0	0.01	0.01

三、小结

本章节首先分区域、分行业对中国刷业的国内市场需求进行分析;其次,对中国民用刷、环卫刷及工业刷的出口状况进行分析。

从需求结构来看,用户需求占比较大的刷具主要包括化妆用刷、牙刷、涂装用刷、工业抛光刷、工业防尘刷以及环卫刷。化妆用刷五年内的平均增长速度高达18.5%;牙刷的市场规模由2013年的115亿元扩大到2017年的146亿元;涂装用刷市场规模由2013年的46亿元扩大到2017年的88亿元;工业防尘刷市场规模稳步扩大,作为占据市场份额最大的刷具,五年内的平均增长速度为11.98%;环卫刷市场规模从2014的11.93亿元增长到2018年的16.49亿元,相比2017年,同比增长7.77%,其市场规模逐步平稳地扩大,五年内的平均增长速度为8.43%。

从民用刷出口状态来看,我国牙刷出口数量保持平稳增长,从43.36亿支增长至53.25亿支;制漆刷分为猪鬃制漆刷及类似刷、其他漆刷及类似刷,从出口数量的增长趋势来看,我国猪鬃制漆刷及类似刷出口量呈现下降态势,但是其他漆刷及类似刷的出口呈现大幅度的增长;我国梳妆刷的增幅也较快,近三年增长率都在10%左右。从工业用刷出口状态来看,机器、器具零件的金属丝刷出口总量相对较为稳定,基本稳定在1.3亿—1.6亿个;机器、器具零件刷出口总量呈逐年增加,总计增长了67%;作为车辆零件的刷出口总量波动较大,涨幅和增幅的数值都很大。从环卫刷出口状态来看,我国环卫刷出口量呈现上涨趋势,从2014年的1541.15万把增长到2018年的1846.1万把,同比2017年增长了3.83%。而近几年我国环卫刷同比增长率呈现出下降的趋势,这说明我国环卫刷国外市场空间可能受到各种因素的影响扩大速度减慢。

第五章　中国刷业发展的环境因素分析

改革开放以来,我国经济社会发生了翻天覆地的变化,我国刷业也取得了巨大的成就。当前,刷业行业的产品日新月异,为了满足人们的需求,各类刷产品层出不穷。那么,究竟哪些因素影响我国刷业的发展呢？本书从一般环境和具体环境角度深入分析我国刷业发展的影响因素。

一、刷业发展一般环境分析

1. 经济环境内外有别

(1) 国际经济贸易环境有所恶化

① 经济全球化进程中产品同质化程度增加。当前,世界经济格局、全球经贸环境、产业转移、风险特征等都在发生深刻变化。世界经济的市场化、同质化程度已达到了前所未有的历史水平。正如前文所述,我国的刷业依然开始与欧美地区的高端刷业企业展开竞争,随着全球经济一体化进程的不断深入,不管意愿如何,刷业企业都必须面对全球竞争。这就要求刷业企业以全球市场的眼光审视企业的市场竞争态势和经营发展战略,在全球市场上构筑战略优势。经济全球化在大大促进我国刷业快速发展的同时,也在明显地改变着我国的刷业发展。我国刷业设备的关键部件的生产技术落后于欧美发达国家,以精密减速机系统为代表的关键部件长期依赖于向国际厂商采购。核心零部件受制于国外供应商的现状对刷业国产自动化设备的生产成本产生了影响,一定程度上制约了刷业自动化设备在国内的普及。

② 经济全球化进程中我国人口红利优势丧失。随着我国人口红利逐渐消失,我国在全球刷业产业转移过程中的劳动力成本洼地效应不断变小,从而导致我国刷业在全球的地位发生了一定变化,国际刷业向我国转移呈现新特点。自2007年以来,劳动密集型或附加值较低的刷业吸收外商投资的比例呈下降趋势,而资本和技术密集型制造业吸收外商投资的比例呈上升趋势。这一新特点间接推动了我国刷业的转型升级,从而拉动了我国自动化设备的市场需求,对刷业自动化设备产业的发展起到了推动作用。

③ 中美贸易摩擦不断加剧。另一个给中国刷业发展带来的不利影响的国际因素就是中美贸易摩擦。中美贸易摩擦的背景是产业链全球化。正如前文所述,我国一部分优质刷业企业进入全球刷业产业链,从低端刷甚至零部配件开始逐渐沿产业链、技术链上游攀升,现已经有部分高技术刷业企业可以参与国际竞争,其产品可以与欧美领先的刷业企业媲美。

④ 贸易开放程度有所下降。从图5.1中可以看出,我国整体上外商直接投资占比呈现出先升后降的趋势,说明近几年,我国贸易开放程度下降(注:贸易开放程度用货物进出口总额与GDP的比重来衡量)。

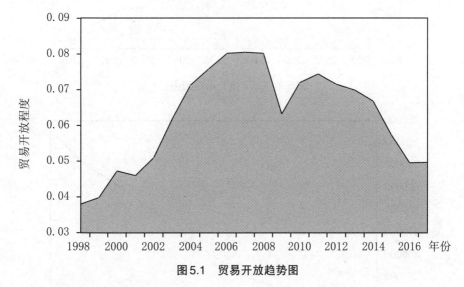

图5.1 贸易开放趋势图

(2) 国内经济环境不断改善

① 国民经济快速增长。从图5.2和图5.3中可以看出,我国国内生产总值和人均国内生产总值整体上呈现出增长的趋势,而GDP增长率呈现出先上升后下降的趋势,这说明我国经济还在不断增长,但增速放缓。

② 居民收入大幅增加。从表5.1可以看出,近年来,我国及各地区人均可支配收入均呈现出上升的趋势;从地区差异来看,我国东部地区人均可支配收入最高,其次是东北地区和中部地区,西部地区排名最后。

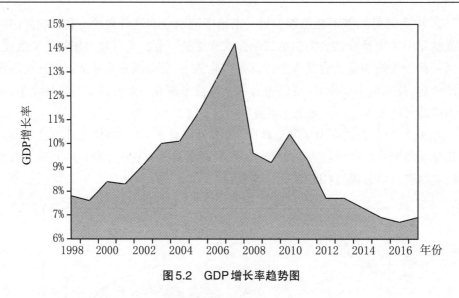

图 5.2 GDP 增长率趋势图

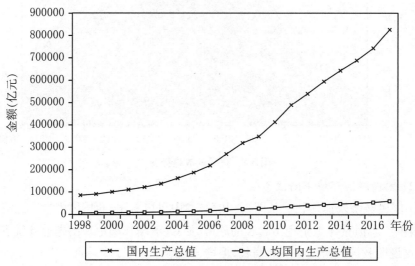

图 5.3 GDP 和人均 GDP 趋势图

表 5.1 人均可支配收入情况（单位：元）

组别	2013年	2014年	2015年	2016年	2017年
全国	18310.8	20167.1	21966.2	23821.0	25973.8
东部地区	23658.4	25954	28223.3	30654.7	33414.0
中部地区	15263.9	16867.7	18442.1	20006.2	21833.6
西部地区	13919	15376.1	16868.1	18406.8	20130.3
东北地区	17893.1	19604.4	21008.4	22351.5	23900.5

③ 产业结构不断优化。我国产业结构已从"二、三、一"格局逐步优化到"三、二、一"格局。本报告选用1985—2016年的省际面板数据,对我国及各省市三大产业增加值占比进行基本数据描述,如图5.4所示。从时间上看,我国及各地区三大产业增加值占比变化趋势较为一致,第一产业增加值占比呈现出不断下降的趋势,第二产业增加值占比上下波动,但波动幅度不大,第三产业增加值占比呈现出不断上升的趋势,而且上升幅度较大。具体来说,1986年我国的国内生产总值为10376.2亿元,三大产业的国内生产总值分别为2764.1亿元、4515.2亿元、3096.9亿元,占比分别为26.81%、43.36%、29.82%,此时,第二产业占据主导地位,其次为第三产业,第一产业增加值占比位居最后。2012年,我国的国内生产总值为534123亿元,三大产业国内生产总值分别为50892.7亿元、240200.4亿元、243030亿元,占比分别为9.53%、44.97%、45.50%,可以发现,此时,我国第三产业占据主导地位,第二产业紧跟其后,最后为第一产业。2016年,我国国内生产总值为744127.2亿元,三大产业国内生产总值为63670.7亿元、296236亿元、384220.5亿元,占比分别为8.56%、39.81%、51.63%,此时,第三产业得到了进一步的发展,产业结构不断向合理化和高级化演进。从空间上看,我国中东部地区的三大产业增加值占比高于西部地区,这说明我国产业结构的发展存在空间分布不均衡的特征。

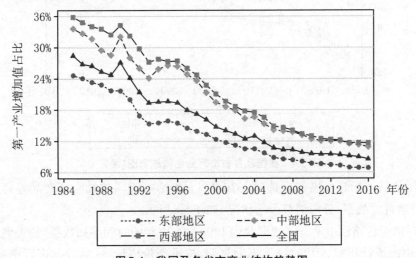

图5.4　我国及各省市产业结构趋势图

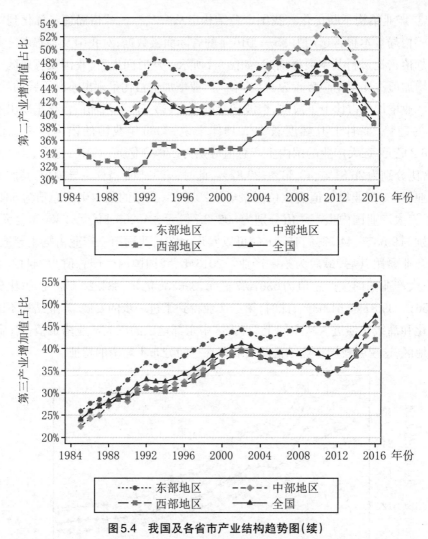

图5.4 我国及各省市产业结构趋势图(续)

④ 消费市场日益增加。选择2016年6月至2018年6的社会消费品零售总额环比增速月度数据,分析消费市场状况,如图5.5所示。

⑤ 消费价格稳中略升。选取我国1998—2017年的时间序列数据,相关数据来源于《中国统计年鉴2018》,以上年为基期,按不变价格计算,对数据进行平减,以消除物价变动的影响,分别为我国居民消费价格指数、商品零售价格指数、工业生产者出厂价格指数、工业生产者购进价格指数、固定资产投资价格指数,并做出这五类价格指数趋势图,如图5.6所示。

第五章 中国刷业发展的环境因素分析

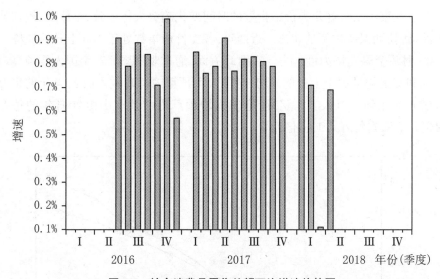

图5.5 社会消费品零售总额环比增速趋势图

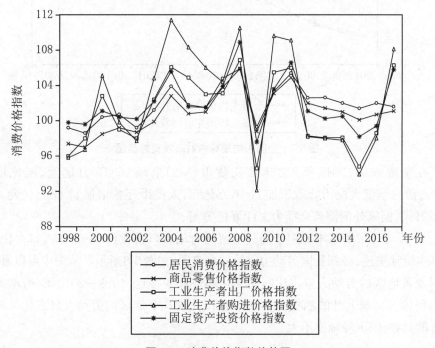

图5.6 消费价格指数趋势图

注：2011年起，工业品出厂价格指数改为工业生产者出厂价格指数；原材料、燃料、动力购进价格指数改为工业生产者购进价格指数。

通过观察图5.6,这几类价格指数的时间变化趋势大体一致,整体上,短期处于上下波动,长期保持均衡的状态。近两年,各类价格指数处于不断上升的趋势。

⑥ 财政金融支持力度加大。在财政方面,通过观察图5.7,全国人均预算内财政收入和支出均呈现出上升的趋势,全国人均预算内财政收入由2004年的每万人0.20亿元上涨到每万人1.24亿元,全国人均预算内财政支出由2004年的每万人0.22亿元上涨到每万人1.46亿元。

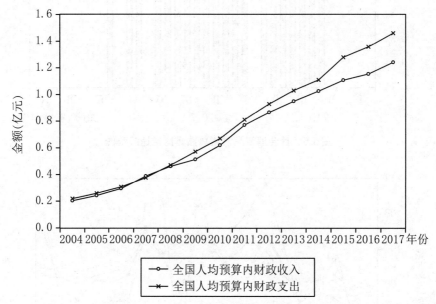

图5.7 全国人均预算内财政收支趋势图

在金融方面,2017年9月末广义货币(M2)余额165.57万亿元,同比增长9.2%;前三季度人民币贷款增加11.16万亿元,人民币存款增加11.68万亿元。此外,9月末,国家外汇储备余额为3.11万亿美元。

⑦ 劳动力市场基本稳定。通过对我国劳动人口占比(15—64岁人口占比)进行基本统计描述,得到我国劳动力供给的趋势图,如图5.8所示。从图中可以看出,我国及各地区的劳动人口占比时间变化趋势较为接近,1998—2010年,劳动人口占比整体上呈现上升的趋势,2010年以后,我国几个地区的劳动人口占比呈现出下降的趋势,但下降幅度不大。

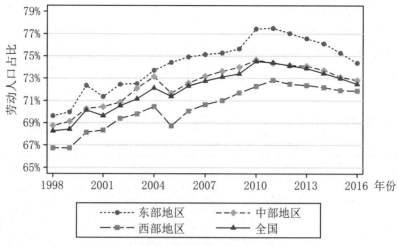

图5.8 劳动力供给趋势图

2. 政策环境千载难逢

我国刷业发展取得了巨大成就,总量规模大幅提升,转型升级快速推进,产业体系日趋完善,综合实力不断增强,为保障经济社会平稳健康发展提供了坚实基础。当前,新一轮科技革命和产业变革蓬勃兴起,全球范围内创新资源快速流动,产业格局深度调整,我国刷业迎来"由大变强"的难得机遇。

国家和地方政府的相关部门通过精准施策、有的放矢,实施了许多有益的政策措施,为我国制造业培育了竞争新优势,积蓄了发展新动能。例如,国家发改委发布的《增强制造业核心竞争力三年行动计划(2018—2020年)》(简称《行动计划》)里面有许多内容都涉及刷业的发展,其势必会影响我国刷业未来的发展趋势。

对于我国刷业生产的智能化和自动化升级,其他领域的技术可以应用到刷业产业,因此,《行动计划》指出,提升关键共性技术集成创新能力。整合行业协会、产业链骨干企业、相关科研院所的优势资源,组建上下游紧密协作、利益共享的集成创新平台,重点开发基础性、关联性、开放性的机器人操作系统等关键共性技术;加快研制全自主编程刷业工业机器人、人机协作机器人、双臂机器人等新一代智能机器人,还要积极推动刷业产品的应用。

设立刷业相关的开发区等政策措施也会极大地影响刷业产业的发展。刷业开发区对当前刷业发展转型有着重要意义,刷业开发区可以享受诸多优惠政策,同时刷业开发区往往在设立初期便将高技术产业设置为目标,因而有效促进了刷业产业结构的变动。这种促进作用是循序演进的,尤其是金融危机以来,开启"三次创业"以提高经济发展质量和效益成为国家级开发区的普遍选择,这种集约发展模式下的开发区刷业产业升级尤为重要。有关具体的刷业规划与政策以及产品相关标准制定单位的详细介绍见本书第二章节相关内容。

3. 社会环境明显改善

（1）新型城镇化水平不断提高

本书在前人城镇化指标体系构建成果的基础上，慎重考虑城镇化所涉及的内容，分别从人口城镇化、经济城镇化、空间城镇化、社会城镇化、生态环境城镇化五个方面构建其指标体系，如表5.2所示，并采用熵权法对城镇化发展水平指标进行综合测度，城镇化水平用字母Urban表示。

表5.2　城镇化发展水平评价指标体系

系统	一级指标	二级指标	变量符号和属性
城镇化水平（Urban）	人口城镇化水平	城镇人口占总人口比重(%)	X_1(正向)
		城镇就业人员占总人口比重(%)	X_2(正向)
	经济城镇化水平	人均GDP(元)	X_3(正向)
		非农产业比重(%)	X_4(正向)
		城镇就业人员平均工资(元)	X_5(正向)
	空间城镇化水平	建成区面积(平方公里)	X_6(正向)
		城市人口密度(人/平方公里)	X_7(正向)
	社会城镇化水平	城市人均日生活用水量(升)	X_8(正向)
		城市燃气普及率(%)	X_9(正向)
		城市每万人拥有公共交通车辆（标台）	X_{10}(正向)
	生态环境城镇化水平	城市生活垃圾清运量(万吨)	X_{11}(正向)
		人均公园绿地面积(平方米)	X_{12}(正向)

运用熵权法对全国及部分地区城镇化发展水平的测度结果，如表5.3所示。由于篇幅问题，文章仅列出2008—2016年全国及部分地区城镇化的测度水平（保留3位小数点）。

表5.3　全国及部分地区新型城镇化发展水平

地区	2008年	2009年	2010年	2011年	2012年	2013年	2014年	2015年	2016年
全国	0.266	0.283	0.294	0.332	0.353	0.380	0.402	0.423	0.443
东部地区	0.277	0.302	0.303	0.342	0.364	0.389	0.407	0.429	0.440
中部地区	0.274	0.281	0.294	0.330	0.352	0.377	0.396	0.411	0.444
西部地区	0.251	0.270	0.287	0.325	0.345	0.372	0.401	0.421	0.444

注：熵权法的详细计算步骤省略，若有读者感兴趣，欢迎索要。

根据表5.3，从时间上看，我国各地区新型城镇化发展水平均呈现出不断上升的趋势；从地区上看，我国东部地区新型城镇化水平最高，其次是中部地区，最后是西部地区。

综上所述，新型城镇化水平的提高，增强了城镇化的集聚效应，凝聚了技术、人才等要素,促进了工业水平的提高,进而带动工业刷的发展;新型城镇化水平的提高,促进人民生活水平和生活质量的提高,进而带动了形式多样、日新月异的民用刷产品的出现;此外,新型城镇化水平的提高,增加了对市容的要求,带动了环卫刷业的发展。

(2) 绿色发展意识增强

目前,资源节约和保护环境已经上升为我国的基本国策,实现绿色发展,坚持"生态环境保护和资源节约高效利用"两条腿走路,走可持续发展之路,既是当今世界各国的共同选择,也是我国生态文明建设的必然取向。

本书在考虑绿色发展内涵的基础上,遵循科学性、系统性、可获取性等原则,综合以往研究成果(蔡绍洪等,2017;万建香等,2018),从资源利用、环境治理、生态保护、增长质量及绿色生活5个方面构建其指标体系,共选取23个指标,采用熵权法对指标体系客观赋予权重,测度绿色发展水平,用字母GDI表示。

根据上文所测算的各地区历年绿色发展水平计算出我国各地区历年来绿色发展平均水平。绿色发展水平位于高位等级的有青海省、北京市和上海市,这说明这三个省市的绿色发展水平较高,是各种因素综合作用的结果;其次是内蒙古、江苏、浙江等省市;而绿色发展水平较低的省市有甘肃、河南、宁夏、贵州、山西、河北等省市。

综述,绿色发展水平的提高,增加了对工业刷、民用刷及环卫刷等产品质量的要求,扩大了其市场需求空间。

4. 技术环境提供机遇

(1) 国内外环卫刷行业技术发展

目前国内的制刷水平相对国际上还是比较落后,精密的制刷设备大多来自德国、瑞典等老牌制造业强国,达不到西方发达国家的精密度耐磨度要求。

(2) 刷业技术竞争分析

随着刷行业的全面转型,国内刷业也进行着技术革新与产品升级,同时也积极开拓着市场,在与国际竞争者的同场竞争中,我国的刷业充分发挥着自身的优势,努力在国际市场占据一席之地。国内刷业具有其特有的优势:国家相关政策的大力扶持;基础设施的逐步完善提高了刷业市场需求空间;世界制造业中心往我国转移的巨大机遇及电子商务的普遍应用给我国刷业带来巨大商机;较低的劳动力成本和原材料价格,亦为我国刷业一大优势。

目前看来,国内刷业发展形势一片大好,在业内技术水平逐渐提升的同时,发展规模也在日渐增大。面对世界刷业市场尤其是高端市场这一前景广阔的大蛋糕,国内刷业企业急需了解市场最新变化,针对刷业发展现状,研发相关刷业产品,以抢占市场。

(3) 刷业最新动态分析

2019年我国刷业市场增长势头将继续上扬,随着经济的持续发展,对刷业产品的需求将居高不下。随着我国刷业市场逐年扩大,刷业行业需要进一步提升各种刷业产品的技术水平。因此,以大型、精密、有效及高性能刷业产品为主要代表的中高档刷业将得到进一步发展。

(4) 刷业行业技术发展趋势

我国的基础设施方面,正在逐步地完善并走向正轨,进一步扩大了刷业产品的市场需求空间。另外,我国刷业制造技术积极吸取国外先进理念,国际上的铸造产品产业中心也在向我国转移了巨大商机,加之电子商务的合理运用将刷业产品推向更为普遍的使用境地,也给我国的刷业产品带来众多机遇。

(5) 刷业中科技运用情况

目前,科技在工业毛刷五金产品中的应用主要体现在材料科学(合金材料、陶瓷阀芯、纳米技术)、感应系统(温控芯片、即热装置)和艺术设计(美学、人体工程学、流体力学)等各个方面。时代在发展,科技在进步,自然毛刷五金产品也要赶上时代的科技进步。

(6) 刷业专业技术人才

刷业产业发展需要高技术人才,对人才的素质要求较高。它需要吸收高校毕业的优秀人才和设计制造专业人才参与。我国培养了大量的刷业初级人才,却缺少刷业高端人才,即刷业的管理、技术都精通的人才。我国要在刷业人才管理方面鼓励刷业高技术人员创业,只有真正的企业管理实践,才能避免"纸上谈兵"式地培养管理人才。技术人才因素在中国刷业未来的发展过程中将起到主导推动作用。这说明刷业劳动力工资的提高已成为刷业行业成本提升的重要推手,与预期方向一致。从理论来看,劳动力工资的提高理论上可同时对低技术刷业产生"推力"并对高技术刷业产生"拉力",进而推动刷业产业技术升级。随着中国制刷业产业结构整体上获得升级,更高技术层次的刷业已不再主要依赖劳动力成本的比较优势,而对劳动力素质的诉求更大。

(7) 刷业绿色发展技术

绿色刷业主要是指刷业结构中以防治环境污染,改善环境质量,保护生态平衡为目的的一系列技术开发、产品生产与流通、信息服务和工程承包等活动的总和。它要求综合运用经济、生态规律和现代科学技术,适时促进环境技术产业化,及时更新各产业中不利于环境保护和生态平衡的刷业硬件设备和加工工艺。发展绿色刷业不仅是实施可持续发展战略的必然要求和物质基础,更可使绿色刷业成为刷业新的增长点。随着全球产业布局调整向资源利用合理化、废物产业减量化、对环境无污染或少污染方向发展,我国绿色刷业得到了迅速发展。因此,注重刷业设计生产的绿色化也是影响未来刷业发展的重要因素之一。

二、刷业发展具体环境分析

1. 刷业布局影响因素

(1) 地理区位条件

一般来说,刷业布局多会向成熟的市场转移。中国刷业企业主要集中在华东、华南地区,其中安徽省潜山县源潭镇荣获"中国刷业基地"称号。安徽省桐城市和源潭镇已经形成刷业产业集群。经过多年的努力,轻工制刷业在源潭镇基本形成了集原材料生产、刷产品加工、研发、销售、信息、物流等相对成熟的市场体系,已成为当地的经济和社会发展的重要引擎。因此,相对于刷业来说,源潭镇具有优越的地理位置,会吸引更多的刷业企业在此地集聚。

(2) 社会经济环境

一个地区的经济发展水平、运输条件、劳动力条件、市场消费因素、经济管理体制、区域政策、信息网络的通达度等都是影响刷业布局的重要社会经济因素。一般而言,经济发展水平越高、运输条件越便利、劳动力资源越丰富及成本越低、市场消费需求越高、经济管理体制越完善、信息网络越发达等,越会吸引刷业企业投资建厂。

(3) 生产技术条件

随着智能化产品层出不穷,刷业市场也逐步迎来智能时代,对于刷业而言,地区所具有的刷业技术能力是刷业产业布局的重要因素。无论是靠近研发中心还是高校,都要求刷业研究所或者高等院校具有世界先进的刷业技术实力和科研实力。因此,刷业企业布局应集中在生产技术先进的地区,以发挥技术溢出效应及良好的示范效应。

2. 刷业生产影响因素

(1) 金融资金支持

企业无论做什么背后都需要资金的大力支持,扩大研发投入、吸引优秀技术人才、拓展产品营销渠道,都需要资金的投入。因此,资金对制刷行业而言特别重要,资金是制刷企业拥有竞争实力的基本保障。企业投融资是指企业经营运作的两种不同的形式,目的都是通过投资融资活动,壮大企业实力,获取企业更大效益的方式。

对于刷业生产行业,目前行业内一些品牌企业都通过银行贷款和融资租赁的方式进行市场融资,以扩大企业的生产规模及市场影响力。对内企业通过扩大生产线,设立分支机构等方式,增加公司的固定资产投资,一方面提高产能,提升生产线自动化水平,另一方面拓宽公司的产品销售渠道。

(2) 企业规模

制刷企业规模对制刷企业长期生产中生产要素的投入有较大影响。制刷企业家可以通过调整企业规模来调整企业的资本投入量,如厂房的建设、生产流水线设备的配置、大型施工设施的配备。生产规模扩大时,使用的劳动较多,可以对制刷工人进行专业化分工,从而提高效率。同样在资本设备的利用上,当制刷厂扩大规模时,可以使用效率更高的专门化的资本设备代替非专门化的设备,提高生产的专业精细化程度,从而提高生产水平。另外,在制刷企业建造维护、资金融通、采购、销售、广告、研究费用等方面,相比小规模的企业,规模较大的企业也更具有优势,更容易降低自身的成本。但也不能盲目扩大企业规模,超出最优规模。目前,制刷企业规模仍偏小,扩大刷业企业规模实现专业化生产很有必要。

(3) 产业与供应链

刷业的发展离不开上、下游企业的助力。经过数十年的发展,我国刷业产业链较为完备。上游产业中猪鬃、马尾、羊毛等天然制刷原料供应量占全世界的90%以上,独具优势,这是中国制刷业蓬勃发展很重要的基础。随着我国的猪鬃、马尾、羊毛等天然制刷原料产量逐年下降,加之中国的刷制品生产需求呈几何式增长,导致我国的制刷工厂对人造刷丝的需求量越来越大。下游企业包括物流、电子商务等的变化对制刷行业也起着重大影响。

随着产业发展,机器设备和产品质量的提高,对我国制刷设备和刷业的需求也越来越高,因此,刷业产品的供应链形式也呈现多样化。传统的工业毛刷五金供应链是以五金生产企业及其产品为中心,通过传统经销(代理)商层级渠道网络分销产品,以消费者为终点,以推销产品为目的实现资金的回笼。随着刷业市场由卖方市场转变为买方市场,供应链的重点正在向产业下游转移,消费者也就变得越来越重要。

3. 刷业产品销售影响因素

(1) 产品价格

刷业产品的价格与国内市场供需、原材料价格、生产技术等因素有关。原材料价格的涨跌直接影响着产品价格的涨跌。而市场供不应求时,产品价格将出现一定程度的上涨,反之则会下降。另外,生产技术的提高、竞争对手的数量也会对产品价格造成影响。一般来说,价格应尽量反映成本因素,成本高,产品价格也相应高,否则企业的利润会大受影响。原材料价格的波动将会影响刷业产品的价格。供需情况是影响产品价格的直接原因。一般来说,供不应求,产品价格有上升趋势;供过于求,产品价格有下降趋势。我国刷业行业整体供需平衡,因此刷业价格影响因素中,供需情况并不表现绝对优势。刷业行业的生产质量、产品性能等因素在很大程度上取决于生产技术水平的成熟。

与国外品牌厂家比较,国内制刷企业在原材料成本、劳动力成本、管理费用方面存在明显的成本优势,因此在产品差异不大的情况下,性价比较高,在价格敏感市场上的竞争力进一步得以巩固。

(2) 竞争能力

在激烈的市场竞争中,在买方市场氛围下,制刷企业竞争能力的提升对自身发展具有重要影响。随着市场经济的日益成熟,企业间的市场竞争势必愈演愈烈。在同等质量条件下,企业竞争的焦点是价格,支撑价格的基础是成本。那么,企业要在市场竞争中取得胜利,就要在保证质量的前提下不断降低成本,增加企业在市场竞争中的实力。

(3) 产品质量

由于激烈的市场竞争,良好的服务和过硬的产品质量对于一个优秀的企业同样重要,刷业的质量与企业的生产技术水平有密切关系。经过多年发展,行业内国内刷业企业在技术方面与国际领先企业的差距逐渐缩小,研发、制造能力显著提高,产品质量、性能大幅提升。生产技术的提高有利于产品性能的提高,而产品质量提高可以进一步促进市场规模的扩大。

(4) 销售渠道及人员销售能力

良好的服务和过硬的产品质量在很大程度上要通过销售渠道来实现。在以用户需求为导向的市场营销过程中,高效的销售渠道担负着生产企业向最终用户输送产品、并反馈用户需求的任务,其中包括物流、信息流和资金流。渠道成为行业市场规模扩大的重要影响因素之一,渠道选择性越多,企业产品销售量就可能越多。在渠道选择上,制刷行业主要采用线下销售、线上销售(阿里巴巴、天猫等)以及线上线下销售相结合。刷业多样化的销售渠道,结合高效的员工销售能力,会达到事半功倍的效果。

(5) 刷业行业规模

刷业行业规模的不断扩大也对现有刷业企业和产业结构会产生明显影响。可从以下两方面得到解释:首先,理论上,刷业企业集聚所带来的外部效应具有阶段性,当刷业企业集聚规模突破一定阈值后可能会导致集聚的不经济,鉴于当前中国大部分刷业企业规模处于快速扩张阶段,因而有可能会因为刷业过度集聚使得集聚效应下降,并导致对刷业发展产生不利影响。其次,中国部分地区面临十分严峻的刷业产业同构问题,这些地区为了发展经济,都将能够迅速带动经济增长的刷业作为主导产业,产业同构会导致刷业产能过剩以及区域无序竞争并降低产业经济效益,从而影响刷业发展。

(6) 居民收入水平

随着中国逐渐进入中上等收入国家,居民对各类民用刷的消费增长以及消费结构和环境的改变,对刷业市场和产业结构升级产生明显的增强作用。有研究认为,当前中国已经形成一大批中高收入群体,其中高收入群体对高质量刷业的消费具有"先导型"特点,并会对中低收入群体产生示范效应,从而带动刷业消费观念、消费偏好及消费方式不断更新。同时,刷业电子商务等新型商业模式的兴起也有力地改善了消费环境,提升了消费意愿。这种刷业消费层面的变化会通过市场供需机制反馈到刷业产品生产层面,进而又影响刷业发展。

未来消费者购买工业毛刷五金产品将不再是单纯的货比三家,"有个性、有品质、有品位"的消费观念将逐渐形成,市场中"仿欧式"产品的大量涌现就是这种消费观的最好见证。但随着个性化的进一步深入,市场也会进一步细分,单纯的"仿欧"或者"仿美"风格又会渐渐淡入人们的视线,因此,我国刷业企业要不断地细分市场和消费者的偏好。

4. 刷业经济效益影响因素

(1) 生产成本

企业的生产成本是决定企业利润的重要因素。成本是企业生产的必然产物,是企业为获得产品所需的生产要素和付出的代价,也是企业规模影响企业生产的主要方面。生产成本越低,盈利空间就越大。刷业的生产成本决定了刷业的价格,刷业价格的高低对刷业的销售具有重大影响,目前刷业行业处于买方市场,竞争激烈,价格越低,竞争力越强,进而影响制刷企业的经济效益。

(2) 产品创新

我国刷业行业的生产设备正走向智能化。但是我国智能制造的关键元部件主要依赖进口,如工业机器人领域的高性能交流伺服电机和高精密减速器、数控机床领域的功能性部件和3D打印机的核心部件激光器,在智能制造诸多基础技术方面仍然停留在仿制层面,创新能力不足,关键技术难以突破,造成国产智能制造企业成本居高不下。因此,产品上的创新,有利于企业把握核心市场,越是走在产品创新前端的企业,经济效益越好。

(3) 员工素质

行业内从业人员的素质不高将直接导致企业技术创新能力薄弱、管理落后,进而导致利用相互模仿、粗制造、低价抢等恶性竞争,行业整体水准低于国际水平,因此培养行业内技术人才至关重要。

(4) 企业管理及形象

企业管理可以让企业以最小的成本获得最大的利益;可以提高生产效率,工作效率。可以稳定员工,可以使企业成为人人向往的企业等,最终目的是提高企业的经济效益。

企业的信誉和形象是企业的一种无形资产,是企业经营成败的重要因素,被人们称为"开发企业的金钥匙",因此企业要遵守市场交易规则及相关法律法规。开展正当竞争,反对不正当竞争,树立刷业企业良好的信誉和形象,对于刷业企业的生存竞争,对于提高其经济效益有着重要的意义。对消费者而言,良好的企业管理及企业形象也可以增加他们购买产品的欲望。

三、小结

为了更好地促进刷业发展,本书对刷业发展的宏观环境与具体环境的影响因素进行分析。

宏观层面:在经济环境方面,经济全球化进程中产品同质化程度增加,中美贸易摩擦不断加剧等国际经济因素影响了我国刷业的发展。在国际贸易方面,近年来货物进出口总额占比有下降的趋势,说明我国贸易开放程度有所下降。在国内经济方面,我国经济还在不断增长,但增速放缓,居民收入水平不断提高,但存在地区差异,产业结构不断趋向合理化和高级化,商品零售额环比增速、CPI及其他几类价格指数时间变化趋势大体一致,整体上处于短期上下波动,长期保持均衡的状态。在政策环境方面,国家和地方政府的相关部门通过精准施策、有的放矢,实施了许多有益的政策措施,为我国制造业培育了竞争新优势,积蓄了发展新动能。在社会环境方面,在供给侧改革的背景下,新型城镇化水平、绿色发展水平不断提高,但存在地区差异。在技术环境方面,随着刷行业的全面转型,国内刷业也进行着技术革新与产品升级,同时也积极开拓着国内外市场。

微观层面:本书从刷业布局、刷业生产、刷业销售和刷业效益四个方面详细分析了刷业的影响因素。其中,影响刷业布局的因素有地理位置、社会经济和生产技术因素;影响刷业生产的因素有金融支持、企业规模、产业与供应链;影响刷业销售的因素有产品价格、竞争能力、产品质量、销售渠道及销售能力、行业规模、居民收入水平;影响刷业经济效益的因素有生产成本、产品创新、员工素质及企业形象与品牌。

第六章　中国刷业产业链发展分析

产业链的本质在于描述一个具有某种内在联系的企业群结构,它是一个相对宏观的概念,存在两维属性:结构属性和价值属性。产业链中存在着大量上下游关系和相互价值的交换,上游环节向下游环节输送产品或服务,下游环节向上游环节反馈信息。刷业产业链发展是几个不同的上下游产业的互相作用形成的结果(图6.1),上游产业主要包括原材料供应以及研发行业,在原材料供应方面按刷毛的种类细分为猪鬃、羊毛、刷丝等以及其他辅助材料等行业。研发环节作为刷业产业链上游市场中重要的一环,是刷业行业保持市场竞争力与提高生产效率的秘诀。刷业的下游行业主要包括物流、电子商务以及售后等服务业。

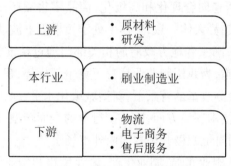

图6.1　刷业产业链示意图

一、上游相关产业

上游产业原指处在整个产业链的开始端,包括重要资源和原材料的采掘、供应业以及零部件制造和生产的行业,这一行业决定着其他行业的发展速度,具有基础性、原料性、联系性强的特点。

1. 原材料

刷业的上游产业主要是指刷业原材料的供应产业,按刷毛的种类细分为猪鬃、羊毛以及辅助原料等行业。近十几年中国刷业的发展,离不开上游企业的助力。在满足国内刷业工厂需求的前提下,我国企业也将原材料供应到东南亚、非洲、南美洲等地区。

(1) 刷丝原料

我国的猪鬃、羊毛等天然制刷原料供应量占全世界的90%以上,独具优势,这是中国制刷业蓬勃发展很重要的基础。随着我国的猪鬃、羊毛等天然制刷原料产量逐年下降,加之中国的刷制品生产需求呈几何式增长,导致我国的制刷业对人造刷丝的需求量越来越大。现在国内的人造刷丝企业数量在150家左右,产量可完全满足国内刷业工厂。

① 猪鬃。猪鬃是中国传统出口商品,在国际市场上享有良好的信誉,是指猪颈部和背脊部生长的5厘米以上的刚毛,刚韧富有弹性,不易变形,耐潮湿,不受冷热影响,猪鬃的加工和出口始于清朝咸丰年间。新中国成立后,各地建立了猪鬃加工厂,产量逐年增加,成为我国传统的大宗出口商品之一,出口销售量占世界猪鬃贸易总量的95%左右,并且在国际市场享有盛誉。中国猪鬃按不同产区可分为东北鬃、青岛鬃、汉口鬃、上海鬃、重庆鬃、天津鬃和内蒙古鬃等类。此外,还可按颜色、性质、季节等分类。猪鬃的品质受自然环境、气候和品种的影响很大。如土种猪的鬃粗长而坚韧,优于改良猪的鬃;气候温和地带的猪鬃由于坚韧耐磨而优于炎热地带的产品。饲料中无机盐类丰富时,猪鬃质量较好。

从猪鬃出口量来看(图6.2),2012—2013这两年中国猪鬃出口量连续增长,2013年猪鬃出口量达到最大的7.34千吨;2015年猪鬃出口量小幅下降,2016年却小幅增加,2012—2017年猪鬃出口量呈现波动下降的趋势,2013年猪鬃出口数量增长率最大为8.7%,2014、2015年出口数量同比增长率均为负值,2017年出口数量同比增长率达到最小值为-7.4%。

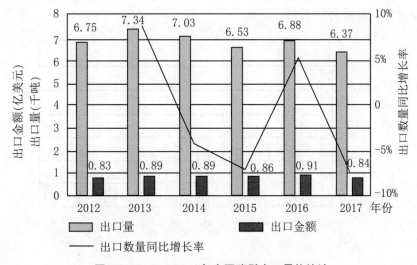

图6.2 2012—2017年中国猪鬃出口量值统计

进一步分析中国猪鬃出口的来源地可知,江苏省猪鬃出口量在2013—2017年一直居于榜首,江苏省、重庆市、四川省、湖南省、河北省一直处于出口量前五,只是先后顺序会有略微变化。江苏省猪鬃出口量在2015年急剧减少,2016年略有回升,2017年又开始减少。重庆市猪鬃出口量在2013—2017年逐年减少,上海市猪鬃出口量呈现波动上升趋势,其他各省份猪鬃出口量均有所下降。

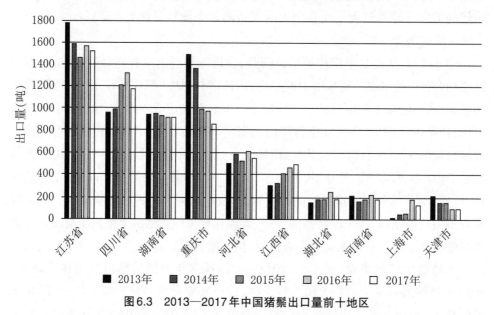

图6.3 2013—2017年中国猪鬃出口量前十地区

从猪鬃出口目的国来看,2017年中国猪鬃出口量第一的国家是印度尼西亚,出口量高达1165吨。我国对印度尼西亚的猪鬃出口量是排名第十的墨西哥出口量的6倍多,比排名第二的德国多321吨。可见,印度尼西亚是我国猪鬃出口大国,墨西哥猪鬃出口排名第十,为180吨。

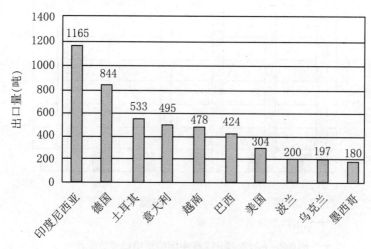

图6.4 2017年中国猪鬃出口量前十国家

② 羊毛。羊毛主要产自南半球,世界绵羊毛产量较大的有澳大利亚、新西兰、阿根廷、中国等;羊绒主要产自北半球,中国的产量占全球的50%—60%,而且质量最好。人类利用羊毛可追溯到新石器时代,由中亚向地中海和世界其他地区传播,成为亚欧的主要纺织原料。羊毛纤维柔软而富有弹性,可用于制作呢绒、绒线、毛毯、毡呢等纺织品。羊毛制品有手感丰满、保暖性好、穿着舒适等特点。绵羊毛在纺织原料中占相当大的比重。绵羊毛按细度和长度分为细羊毛、半细毛、长羊毛、杂交种毛、粗羊毛等5类。中国绵羊毛的品种有蒙羊毛、藏羊毛、哈萨克羊毛。

2013年我国羊毛行业产量为45.8万吨;2014年羊毛行业产量为46.7万吨,同比增长1.97%;2015年羊毛行业产量为47.4万吨,同比增长1.50%;2016年羊毛行业产量为48.2万吨,同比增长1.69%;2017年羊毛行业产量为49.4万吨,同比增长2.49%(图6.5)。

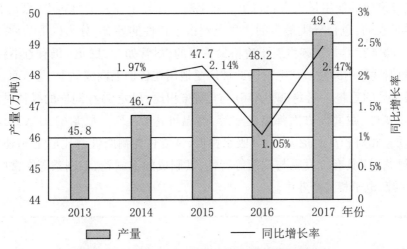

图6.5　2013—2017年羊毛行业消费量及增长率

从羊毛出口量来看,2017年1—12月,羊毛出口去向地共计25个按出口金额计算,前五大出口去向地为日本、意大利、韩国、德国、英国(表6.1)。前五大出口去向地共计出口羊毛6528吨,占羊毛总出口数量的74.1%,出口金额0.37亿美元,占羊毛总出口金额的91.43%。按金额计算,羊毛出口在主要出口去向地中均呈同比减少,平均同比减少16.81%。其中,2017年中国羊毛1—12月出口数量1.03万吨,同比减少29.08%。从数量上看,出口金额为0.49亿美元,比同期减少25.44%。按金额计算,羊毛出口最大去向地为日本,羊毛出口在主要出口去向地中均呈同比减少。

表6.1　2017年中国羊毛量出口前五国家

排名	1	2	3	4	5
国家	日本	意大利	韩国	德国	英国

从羊毛价格指数来看,自2009年起,羊毛价格经历了几轮波动,但一直处于上涨的趋势中。以澳大利亚羊毛交易所东北市场综合指数(EMI)为例,2009年1月至2011年6月,羊毛价格从744澳分/千克一路上涨至1436澳分/千克,期间累计涨幅93.01%。2011年7月至2012年10月,羊毛价格下跌了34.54%至975澳分/千克。2012年10月至2014年12月,羊毛价格在1000—1100澳分/千克波动。2015年至今,羊毛价格一路上涨,截至2017年4月13日EMI为1512澳分/千克,累计涨幅42.78%,EMI已经累计上涨11.81%。

③ 塑料刷丝。考虑到上述原材料的来源以及环境污染等问题,刷丝进一步转化为尼龙刷丝、PBT刷丝、PP刷丝为代表。尼龙刷人造纤维丝,即尼龙(PA)、PP、PBT、PET、PVC等塑料丝,这些材料由于具备生产成本低(图6.6)、颜色多样、质量稳定、长度不限等优点,在现代的毛刷加工中被广泛运用,尤其是工业毛刷上,这些人造纤维丝的使用量大大超过了天然毛料。而在上述人造材料中,尼龙(PA)是使用量最大的,也是分类最多的。尼龙丝由于特性的差异,分为以下几种:尼龙6(PA6):尼龙6在尼龙家族里属于价格最优廉的,尽管如此,尼龙6仍有着不错的恢复性、耐温性与耐磨性。该毛料因此被广泛地用在各种毛刷成品上,是市面各种毛刷上最常见的毛料。尼龙66(PA66):与尼龙6相比,尼龙66在同样的线径时,其坚硬度、恢复性、耐磨性方面都略胜一筹,耐温可达150 ℃。尼龙612(PA612):尼龙612是质量相对较高的尼龙丝,其吸水性低,恢复性与耐磨性都比尼龙66还要好。另外,尼龙612具有抗发霉与抗菌等特性,其制成的毛刷轮、毛刷条等常常应用在食品、医疗、电子相关产业中。

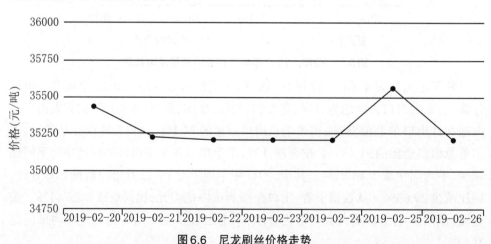

图6.6 尼龙刷丝价格走势

聚丙烯(PP)刷丝,具有耐酸碱等特性,但弹性不是很好,长时间工作容易变形难以恢复,所以适用于工业除尘和清洗中针对较粗犷的部件,比如矿山码头的除尘、环卫车的扫地刷等。PBT刷丝价格走势如图6.7所示。

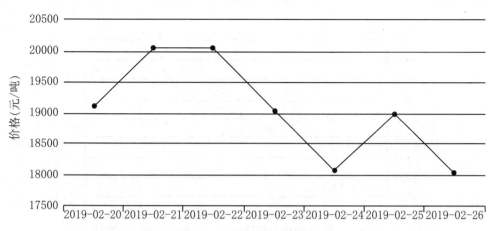

图6.7　PBT刷丝价格走势

（2）其他辅助材料

① 初级形态塑料。根据国家统计数据，2015年我国初级形态塑料产量为7691.1万吨，较上年同期增长10.5%。相较于2008年，我国初级形态塑料产量增加2.46倍，扣除价格因素的变动，年均增长率14.3%（图6.8）。

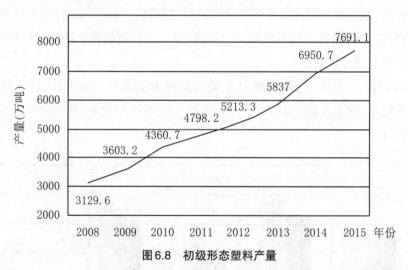

图6.8　初级形态塑料产量

② 塑料制品。2014年我国塑料制品产量为7387.8万吨，2015年我国塑料制品产量为7560.7万吨，较上年同期增长1%。2015年我国塑料制品行业继续保持稳步发展，其中国内产量总计7560.7万吨，同比增幅4.9%，增速明显放缓。其中：塑料薄膜产量1313.8万吨，占总产量的17.4%，同比增长3.4%；日用品产量588.7万吨，占总产量7.8%，同比增长0.7%；农膜产量在219.8万吨，同比增长5.1%，占总产量的2.9%。2008—2015年我国塑料制品产量走势图如图6.9所示。

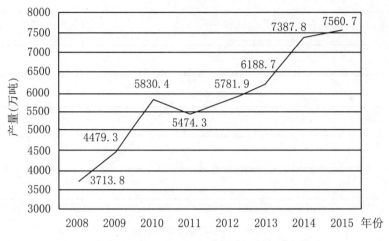

图6.9 2008—2015年我国塑料制品产量走势图

伴随着塑料制品在日常生活中的渗透,中国塑料行业产业规模不断扩大,虽然经济景气度不高,但塑料制品产量仍以一定幅度增加。当然,目前国内塑料制品产业仍存在生产企业规模小、分布散、原料采购杂乱及技术水平低引发产品档次低等矛盾,但国内知名塑料制品及零配件企业仍不计其数。另一方面,伴随着行业中低档产品结构过剩,加之人们消费意识的提高,以及塑料制品在生活中应用推广,塑料制品转型升级势在必行。

到2015年上半年,我国规模以上塑料制品业企业有14594家,总产值达到10690.08亿元,资产为12862.87亿元,销售收入为9984.64亿元,利润总额为558.88亿元(图6.10)。

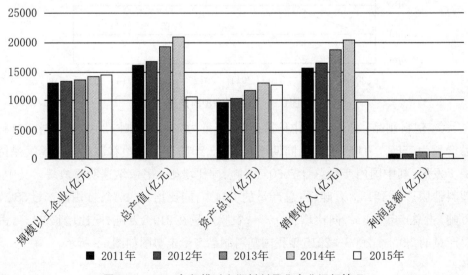

图6.10 2015年规模以上塑料制品业企业运行情况

从塑料的综合价格指数来看,从2018年1月到2019年1月总体呈现波动下降的趋势,在2018年4月价格指数最低,在2018年10月上升到最高。

2. 研发行业

研发是刷业行业保持市场竞争力与提高生产效率的秘诀。研发作为企业保持创新力和产业结构升级的必备条件,对刷业的影响也是不言而喻的。通过对刷业和相关配件的不断升级改进,降低生产成本,提高工厂生产效率,必将引起我国刷业的整体飞跃式发展。再者,加大研发投资,是促进刷业研发的强劲动力,只有如此,刷业产业才会有更好的未来。

(1) 中国整体研发情况

从中国整体研发现状来看,2017年,我国科技经费投入力度加大,研究与试验发展(R&D)经费投入增速加快,国家财政科技支出平稳增长,研究与试验发展经费投入强度稳步提高。

分产业部门看,高技术制造业研究与试验发展经费3182.6亿元,投入强度(与主营业务收入之比)为2%;装备制造业研究与试验发展经费6725.7亿元,投入强度为1.65%。在规模以上工业企业中,研究与试验发展经费投入超过500亿元的行业大类有8个,这8个行业的经费占全部规模以上工业企业研究与试验发展经费的比重为65.2%;研究与试验发展经费投入在100亿元以上且投入强度超过规模以上工业企业平均水平的行业大类有10个。

根据中华人民共和国国家标准(GB/T 4754—2017)下的国民经济行业分类,刷业隶属于其他制造业。由于数据的可得性,选择2015—2017年其他制造业的研发投入对刷业整体研发环境进行分析,从图6.11可见2015至2017年其他制造业投入一直呈现增加态势,占总投入的比重由0.9%增加至1.31%。

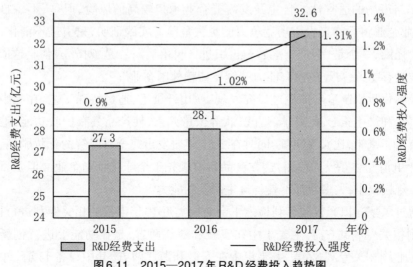

图6.11 2015—2017年R&D经费投入趋势图

(2) 中国刷业研发情况

目前我国刷业产业规模小,分布散,缺乏自主创新能力,产品同质化较为严重,大多数刷业及其设备器件生产公司都忽视产业研发的重要性,但也存在产品的创新。主要存在的研发方式包括:

① 合作研发。合作研发是指企业、科研院所、高等院校、行业基金会和政府等组织机构,为了克服研发中的高额投入和不确定性、规避风险、缩短产品的研发周期,应对紧急事件的威胁,节约交易成本而组成的伙伴关系,它以合作创新为目的,以组织成员的共同利益为基础,以优势资源互补为前提,通过契约或者隐形契约的约束联合行动而自愿形成的研发组织体。合作研发的形式多种多样,既可以以资金、人才、成果形式合作,也可以以资金入股形式合作,还可以技术供方、技术中介和技术需方进行合作等。2017年广东硕泰智能装备有限公司和尚洋科技合作研发了一台自动接杆机器,算是国内行业首创,一个需要几十人的生产线如今只需两人进行收料和送料工作,这就是合作开发的典型案例。

这种合作开发的形式有利于获取互补资源,克服市场的无效率问题,减少市场交易,降低和分担研发过程中的成本和风险,提高创新中的灵活性,是目前刷业开发的主要方式。

② 自主研发。自主研发是一种独创性的新产品开发方法。它要求企业根据市场情况和用户需求,或针对原有产品存在的问题,从根本上探讨产品的层次与结构,进行有关新技术、新材料和新工艺等方面的研究,并在此基础上开发出具有本企业特色的新产品,特别是开发出更新换代型新产品或全新产品。

自主开发体现了刷业企业的设计开发能力和品牌构建能力。设计出成本较低、功能完善、结构新颖和外观漂亮、适合市场需求的产品,体现出设计的经济性以及技术与市场的适宜性。自主开发需要企业承担较高的风险,但是,不搞自主开发,刷业企业将面临丧失市场竞争力的更大危险。实践证明,只引进不消化,会掉入两个怪圈,一个是"引进-落后-再引进-再落后";二是"对外国企业越依赖自己就越没有能力,自己越没有能力就越要依赖外国企业"。

我国化妆刷制造厂商经过研究发现:使用纤维毛,通过特殊工艺,在毛中加入维生素C和维生素E、负离子、烟酸、肽等微量元素,使产品具有护肤功能,毛细小到仅有0.05毫米,比头发更细,同时在2015年研发出完全可降解的化妆刷柄,已于2017年申请专利并投入使用,这款产品目前领先于全球化妆刷企业。但是目前刷业企业规模较小,大多数都不具备自主研发的能力。

通过国家知识产权局专利检索平台对刷类近10年申报的相关专利进行检索。环卫刷相关专利共6篇,主要集中在安徽和浙江两省,是在功能上进行创新和优化。工业刷相关专利32篇,主要集中在安徽和浙江两省,其中设备14篇,外观11

篇,工艺1篇,功能3篇,大部分专利均已失效。检索化妆刷近5年相关专利,剔除无效以及同质化严重专利后,共计176篇,其中外观设计1篇,设备1篇,功能创新类50篇,材料创新类15篇。虽然每年专利申报数量较多,但同质化严重,而且"偏科"厉害,专利多以外观设计为主,在功能创新、特别是设备创新。材料创新上的比重较低。工业刷、环卫刷的专利数量偏少,说明行业创新不足。这需要不断加强自主创新能力建设,寻求在企业核心竞争力上实现突破。企业自主创新能力是优化产业结构、转变增长方式的核心环节,依靠自主创新不断完善技术自主创新体系,获得产品开发的竞争优势。以技术创新为核心,引领刷业产业逐步向高端化和品牌化发展,引导刷业企业由最初的做产品向做品牌迈进,提升企业经济效益。

3. 设备制造业

刷业设备制造业隶属于专用设备制造业中模具制造的分类。专用设备是指专门针对某一种或一类对象,实现一项或几项功能的设备,一般设备则针对对象较多,实现的功能也较多。专用设备针对性强、效率高,它往往只完成某一种或有限的几种零件的特定一序或几工序的加工,优点是效率特别高,适合于单品种大批量加工。专用设备的生产需要特殊的定制。

从专用设备制造业出口交货值的变化折线图(图6.12)可以看出我国专用设备制造业的出口交货量在2013年出现了大幅度的提升,从2498.4亿元上涨到2976.5亿元,同比增长15.1%。2013年到2014年,从2976.5亿元上涨到3217.8亿元,同比增长8%。2014年之后出货量呈现出波动但是稳步上升的趋势。

图6.12 2012—2018年专用设备制造业出口交货值

从资产合计可以看出(图6.13),2012年到2018年间,我国专用设备制造业的资产处于上升趋势,从2012年的24517.9亿元上升到2018年的39752.7亿元。但是自2017年上涨幅度有所减缓,代表着专业设备制造业企业数目增长业减缓。

图6.13　2012—2018年专用设备制造业资产合计

从专用设备制造业利润总额来看(图6.14),波动幅度较大,利润总额从2012年的1884.9亿元增长到2013年的2147.1亿元,同比增长13.9%。2013年到2014年利润总额基本保持不变,2015年降低71亿元,之后在两年间出现了大幅度的提升,共计增长393.3亿元。2018年又出现大幅度的降低,大约降低了455.1亿元。

图6.14　2012—2018年专用设备制造业利润总额

从设备制造业的生存发展来说,设备制造业的生存环境包括其自身的发展情况,例如资源环境要素、技术要素、劳动力要素等,以及其自身发展的其他要素,例如市场需求环境等,在很多设备制造业企业中,劳动生产率的提升较为明显,但在技术提升方面,这几年虽然略有提升,但是数量也十分有限。目前专用设备制造业发展存在着问题,包括:

① 生产效率较低。从相关企业的流动资产周转次数,资产负债率和总资产贡献率来看,我国目前专用装备制造业的生产效率低,在利润总额方面,资本利润率

普遍较低,对于专用设备制造业的长期发展尤为不利,因此要采取相应的措施来对生产效率进行提升。

② 市场竞争力较低。对于我们的专用设备制造业,技术创新还不够,很多关键技术仍然依赖国外引进,具有较高的技术对外依存度,因此贸易竞争力和市场集中度都不太高,为了我国专用设备制造业的长远发展,必须加大技术创新投入的力度,打破国外技术垄断,获取更多的竞争力。但总体来看,发展前景仍然良好。

刷业主要的生产设备包括:加工毛刷机械车床、高速植毛机、平毛机、数控五轴植毛设备、圆丝拉丝机、板刷打孔机、滚筒形状扫路刷生产机械等。工业条刷板用于车床上面的起到震动作用;修毛机在毛刷、板刷、钢丝刷、条刷、抛光刷、圆盘刷、环卫刷、滚筒刷、毛刷辊等刷业的生产中起着重要作用。

这些设备的分类也很细致,拿植毛机举例,植毛机可分为扫把类植毛机、头梳植毛机、马桶刷类植毛机、工业棍盘刷类植毛机、烧烤刷、铜丝刷植毛机、日用杂刷植毛机等。生产设备的价格差距也很大,从几百到上万元不等。

二、下游相关产业

下游产业指处在整个产业链的末端,加工原材料和零部件,制造成品和从事生产、服务的行业。根据微笑曲线理论,上游往往是利润相对丰厚、竞争缓和的行业,原因是上游往往掌握着某种资源,比如矿产,或掌握核心技术,有较高的进入壁垒的行业,因此许多投资者都偏爱上游行业的股票。刷业的下游产业主要是按用途对其进行细分,产业要形成竞争优势,就不能缺少世界一流的供应商,也不能缺少上下游产业的密切合作关系。因此,刷业的下游行业主要包括物流、电子商务以及售后等服务业。

1. 物流行业

(1) 中国物流行业整体发展情况

从我国物流整体大环境来看,2017年我国物流运行总体向好,运行数据显示,物流发展质量和效益稳步提升,社会物流总费用与GDP的比率持续下降。社会物流总额增长稳中有升,需求结构优化。物流运行环境进一步改善,供给侧结构性改革成效显现,产业向高质量发展阶段迈进。

① 物流运行质量提升,"降成本"取得成效。物流领域"降成本"取得实效。随着供给侧结构性改革的深入推进,为进一步推进物流降本增效,国务院连续两年出台推进物流业降本增效的文件,物流领域"降成本"取得成效。2017年社会物流总费用与GDP的比率为14.6%,比上年下降0.3个百分点,即每万元GDP所消耗的社会物流总费用为1460元,比上年下降2.0%,社会物流总费用占GDP的比率进入

连续回落阶段(图6.15)。

图6.15　2008—2017年社会物流总费用与GDP的比率

从构成看,物流降本增效、货畅其流取得初步成效,物流各环节的协同性不断增强。在2017年社会物流总费用中,运输费用6.6万亿元,占54.7%,同比提高0.9个百分点;保管费用3.9万亿元,占32.4%,下降0.8个百分点;管理费用1.6万亿元,占12.9%,下降0.1个百分点。从变化情况看,运输环节在社会物流总费用中的比重持续提高,保管环节则连续下降,表明当前物流流转速度提升,库存、资金占用时间及成本有所下降。

② 物流需求稳中向好,结构进一步改善。物流需求稳中向好。2017年,全国社会物流总额252.8万亿元,按可比价格计算,比上年增长6.7%,增速比上年提高0.6个百分点(图6.16)。

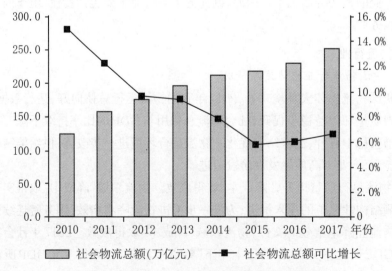

图6.16　2010—2017年社会物流总额及可比增长

物流需求结构性改革取得重要进展。一是物流需求新旧动能的转换加快。从不同产业来看,新兴产业继续保持强劲增长趋势,传统产业转型升级。从结构看,1—12月高新技术产业PMI指数均值水平达53%以上,消费品行业和装备制造业均值接近53%,较去年同期均有提升;同时,基础原材料等高耗能行业均值仍在50%以下,物流需求低于工业平均水平。二是消费与民生领域物流需求成为物流需求增长的重要驱动力。从结构看,消费与民生领域高速增长对物流需求的贡献率持续提高。2017年全年单位与居民物品物流总额同比增长29.9%,比社会物流总额高6.7个百分点(图6.17),成为物流需求增长的重要驱动力。

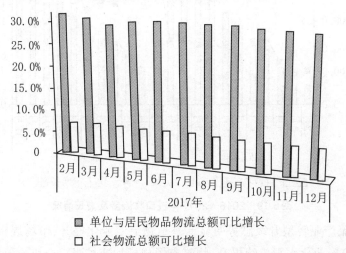

图6.17　2017年社会物流总额及单位与居民物品物流总额可比增长情况

2017年电商物流行业整体向好,总业务量指数平均达到143.4点(图6.18),反映出全年电商物流业务量同比增速超过40%,以2015年1月为基期的定比来看,2017年总业务量指数达到354.1点,高出3年间电商业务量达到基期的3.5倍以上。

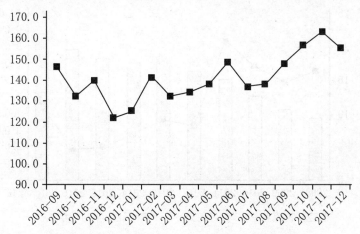

图6.18　2016—2017年电商物流物业量指数

三是进口物流需求形势较好(图6.19)。全球经济温和复苏,内需稳中向好,彻底扭转了2016年同期大幅下降的局面。全球制造业PMI均值达到54.7%的较高水平。在内外需求总体向好的带动下,进口物流需求保持较快增长,全年增长8.7%,比上年提高1.6个百分点。

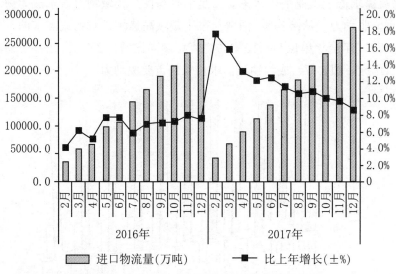

图6.19 2016—2017年进口物流量及增长情况

③ 物流产业转型升级态势明显。一是物流专业化提升,市场规模持续扩大。2017年物流专业化水平持续提升,物流市场规模加速扩张。全年物流业总收入为8.8万亿元(图6.20),比上年增长11.5%,增速提高6.9个百分点。从细分市场来看,与产业升级相关的物流细分行业增势良好,冷链市场规模预计仍将超过20%,快递服务业业务收入比上年增长24.7%,增速均高于物流业平均水平。

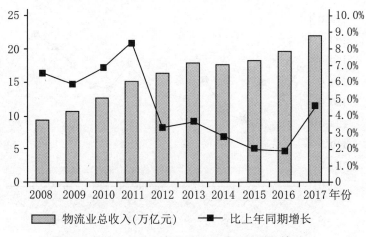

图6.20 2008—2017年物流业总收入及增长情况

二是物流业景气状况良好,企业经营状况改善。物流企业业务需求旺盛,运营效率稳中提升,物流业整体呈现活跃态势,物流业景气状况处于近年来较高水平。2017年中国物流景气指数平均为55.3%(图6.21),比2016年均值高出0.1个百分点,11月回升至58.6%,为今年以来最高水平,12月份为56.6%,指数有所回落但仍处于55%的高景气区间。

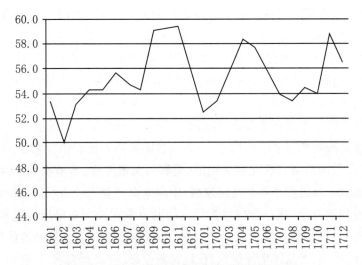

图6.21　2016—2017年物流业景气指数走势

注:1601表示2016年1月份,1701表示2017年1月份,其他类似。

随着物流市场需求和物流设备利用不断改善,企业效益稳中有升。2017年物流业景气指数中反映企业效益的主营业务利润指数平均为51.6%,同比提高1.7个百分点。其中,中国仓储指数业务利润指数平均水平为51.6%,较2016年同期回升3.5个百分点,显示在物流需求回升的同时,企业效益趋于改善。

(2)刷业行业物流业发展

从物流方面来看,物流运行环境进一步改善,供给侧结构性改革成效显现,使得刷业产业向高质量发展。整体情况如下:物流发展质量提升,整体行业成本下降,同时物流中的各系统协同增强,也带动了物流效率的提高。国际国内物流需求的增加,也促进了物流的转型升级机构改善,这对刷业产业的运输及及时的生产制造也是起到了重要作用。在民生领域的物流需求增加,国内物流的费用及成本降低,对降低刷业产业的生产成本运输成本有促进作用。

很多制刷企业构建的现代物流配送体系,提高了配送的效率,降低了成本。电子商务的迅猛发展使企业物流现代化成为企业可持续发展的重要战略,有远见的刷业企业经营者会清醒地认识企业物流对企业发展和产业结构升级的重要作用,强化企业物流,促进刷业的有效运输和管理,为企业创造真正的"第三利润源泉"。

2. 电子商务

(1) 中国电子商务发展概况

下游产业的电子商务作为刷业生产厂家与消费者联系的渠道,其对刷业产业的发展日益重要。随着我国经济水平不断提高以及消费者对网购接受程度的日益提升,电商产业市场规模持续扩大。电商产业通过互联网的手段打造了能够聚合庞大的买家及卖家资源的第三方电商平台,打破了传统社会零售交易的时空限制,提高了整体社会零售的交易效率。电商服务产业作为电子商务产业的基础和支撑,通过敏锐地感知平台方、品牌商和消费者的细分需求,提供端到端的完整服务,已经渗透到各个垂直行业,同生产、流通、消费、资本等相关领域发生深刻的融合,成为优化电子商务产业资源配置、提高电子商务交易效率的加速器。

电子商务商业生态系统的构建,一方面帮助品牌方拓展销售渠道、削减经营成本,另一方面帮助消费者扩充购买渠道、提高信息透明度,有效提高了社会经济效益和社会价值。经过数十年的高速发展,中国电商产业历经市场需求探索、多次模式创新及激烈的竞争,现已形成较为稳定的商业模式及产业格局。随着近年来的快速稳健发展,电子商务经济以其开放性、全球化、低成本、高效率的优势,广泛渗透到生产、流通、消费及民生等领域,在培育新业态、创造新需求、拓展新市场、促进传统产业转型升级、推动公共服务创新等方面的作用日渐凸显,成为国民经济和社会发展新动力,是推动"互联网+"发展的重要力量,是新经济的主要组成部分。

凭借着无可比拟的便利性,电子商务在中国蓬勃发展,在快消品领域表现得尤为明显。2012—2016年在快消品城镇零售渠道销售中,电商渠道的年复合增长率为40.8%,2015—2016年复合增长率更是升至52.6%,远超便利店、超市、大卖场、杂货店等其他零售渠道。此外,2016年,电商渠道占快消品城镇零售渠道销售的比例达7%,而这一比例在2014年仅为3.5%,两年时间实现翻倍。中国的电商市场规模已经是世界第一而且依然保持着高速发展的趋势。

① 互联网和移动互联网不断渗透普及,奠定刷业电子商务良好的用户基础。

在全球新一轮科技革命和产业变革中,互联网与各领域的融合发展具有广阔前景和无限潜力,已成为不可阻挡的时代潮流。近年来,在国家相关政策的有利推动下,《互联网行业"十二五"发展规划》《电子商务"十三五"发展规划》相继发布,"宽带中国"战略深入落实,"互联网+"行动积极推进。随着法律制度体系的日益健全、行业利好政策的颁布实施和网络通信设施的大力投入,我国电子商务领域迎来了有史以来快速发展的最佳时机。截至2017年6月,中国网民规模达到7.51亿,占全球网民总数的1/5;互联网普及率为54.3%,超过全球平均水平4.6个百分点。在网络环境大幅改善的基础上,我国网民数量不断增长,人均互联网消费能力逐步提升,为电子商务的发展奠定了良好的基础。

同时,移动网络技术的发展和智能手机的普及也促进了手机网民规模的不断上升。截至2017年6月,我国手机网民规模达7.24亿,较2016年底增加2830万人;网民使用手机上网的比例由2016年底的95.1%提升至96.3%。移动互联网塑造了全新的社会生活形态,潜移默化地改变着移动网民的日常生活,对电子商务在人们日常生活中的进一步渗透和普及提供了更广阔的发展空间。截至2017年6月,我国网民以10—39岁为主,占整体的72.1%;其中20—29岁年龄段的网民占比最高,达29.7%。作为社会的中坚力量,该类人群的消费习惯、消费需求决定和影响着电子商务的发展方向。凭借其对互联网的高频使用和对品质生活的不断追求,该类人群构成电子商务行业的核心群体。

② 在线销售企业比例不断攀升,数字消费用户规模持续扩张。

"十二五"期间,中国电子商务市场快速发展,交易额翻两番。2016年作为"十三五"的开局之年,电子商务市场依然保持稳健增速,企业的参与程度持续深入,开展在线销售的比例大幅提高。截至2016年12月,全国开展在线销售的企业比例为45.3%,较上一年度大幅提升12.7个百分点。

近年来,天猫、京东、苏宁易购等各大第三方电商平台通过采取给予用户价格促销补贴、在城乡地区开设服务站下沉销售渠道、提升物流配送效率、拓展销售品类等方式,吸引越来越多的消费者进行网络购物。目前,网络购物已逐渐深入我国居民的生活,成为重要的消费方式。截至2017年6月,我国网络购物用户规模达到5.14亿,占网民比例为68.5%,较2016年底增长10.2%。同时,移动应用的不断丰富和移动支付手段的逐步完善,让消费者摆脱了线下消费模式的束缚,手机网络购物成为众多网民的选择。截至2017年6月,手机网络购物用户规模达到4.8亿,占手机网民的66.4%,较2016年底增长3%。

③ B2C电商交易规模超越C2C并大幅增长,占据网络购物市场主导地位。

近年来,随着人们线上消费习惯的逐渐养成,数字消费大军的队伍日益壮大,越来越多的商家和品牌意识到发展线上业务的重要意义,纷纷在电商领域增大投入,将线上官方旗舰店作为提升产品销量、增加品牌曝光、宣传品牌文化的前沿阵地,从而带动了整个B2C电商行业近年来的快速增长。从市场份额来看,B2C网络购物市场中,天猫的市场份额位居第一,京东占比有所增长。与2015年相比,2016年京东、苏宁易购、唯品会的份额有所增加。从增速来看,2016年京东、苏宁易购、唯品会的增速高于B2C网络购物市场31.6%的整体增速。

(2) 刷业行业电子商务发展情况

从电子商务方面看,电子商务作为刷业生产厂家与消费者联系的渠道,其对刷业产业的发展日益重要。移动网络技术的发展和智能手机的普及也促进了手机网民规模的不断上升,为刷业电子商务奠定了良好的发展基础,也为刷业行业找到了一批核心的受众。在线销售的不断壮大及B2C电商模式的发展,使得刷业整体行业的需求量增大,交易量增加。

例如,我们对淘宝刷业卖家进行分析时发现,越来越多的刷业公司开拓了线上交易的渠道,促进刷业的进一步发展。通过查询当下流行的网络购物平台的销售数据,我们得知刷业的线上销售处于逐渐上升的状态,其中工业刷的月交易数量从几百到几千不等,运营较好的线上品牌月销量达到5223把,更多的商家互联网交易销量在700到1400把之间;民用刷的线上销售更是处于火热的状态,许多民用刷店铺的月销售量在8000把左右,更多的店铺在6000把左右的销量。从以上不完全数据统计中我们可以看出刷业发展电子商务提高了一些企业的竞争能力,降低了运营成本而提高了交易效率,对刷业的发展是具有重大意义的。

预计未来电子商务将是刷业行业发展的一个新方向,但实际操作过程中需要注意线上线下交易的差异性,容易出现转换率及复购率低等问题,这是迫切需要面对和解决的。

3. 售后

售后服务是现代服务业众多领域中的一个最基础要素,现代服务业是一个发展的概念,随着人类实践活动的不断丰富,人类的认识活动也逐步深化。在服务业转型过程中,售后服务是至关重要的关键一环,售后服务是产品生产单位对消费者负责的一项重要措施,也是增强产品竞争力的一个关键点。能够最大范围地获得消费者的满意,增强企业的竞争能力,扩大市场占有率,给企业带来良好的经济效益和社会效益。刷业售后服务是围绕着商品销售过程而开展的配套服务体系。中国是世界最大的民用刷和工业刷出口国,产品远销美国、韩国、俄罗斯等,因此良好的售后服务是我国刷业保持良好的竞争优势的一大举措。同时我国刷业主要集聚在江苏、安徽和广东等地,因此良好的售后也会促进产业的升级。

(1) 制造业售后服务方式

在售后领域,外包是很常见的一种服务形式,特别是对于一些中小企业,可以说是既缩减了成本投入,又提高了服务效率。外包是指企业动态地配置自身和其他企业的功能和服务,并利用企业外部的资源为企业内部的生产和经营服务,以降低营运成本,增强产品质量,提高顾客满意度。当然,凡事有利必有弊,在享受便利的同时,实行外包售后会使企业对外包的管理提出更高的要求。另外,我国企业的售后服务存在内置化问题,企业追求大而全,实际上却效率不高,我们应该要改变"大而全、小而全"的生产经营模式,推动上下游服务环节分立和外包,逐步引导企业将服务业务从制造业等主导产业中剥离,提升企业的主营业务水平和核心竞争力。

(2) 刷业售后服务发展概况

每一次的优质售后服务都是开启下次成功的开始,市场环境竞争越来越激烈,售后服务是围绕着商品销售过程而开展的配套服务体系。做好售后服务工作,是商业企业销售服务工作的一个重要组成部分,也是整个商品交易过程的一个重要组成部分。有远见的企业家和销售商,对于具有延续性销售作用的售后服务,更要加以重视。

随着电动牙刷等民用刷的发展,出现了越来越完善的售后服务,比如飞利浦电动牙刷就有可以保修期内拿着小票到指定的维修地点进行处理,飞利浦电动牙刷、洁面仪等奉行"只换不修"的原则,可以为客户更换新的牙刷柄或洁面仪柄。

对于价值不菲的工业刷,各个刷厂的服务大同小异。从订单处理开始,当顾客要求安排待生产时由售后服务根据生产部提出的最快的排产日期,为顾客做好订单排产跟单,对于一些比较急的订单由主管审核安排插单生产,并做好重点跟踪工作,确保货物的交期及时率持续提升。售后服务设立顾客热线,设立专人提供技术咨询和受理顾客投诉。当接到顾客电话、传真、信函、口述等形式投诉时,售后服务应该严格受理。凡客户需要退货的需要填写《退货申请单》并传真给业务助理,列明退货型号、数量、退货原因,交由业务确认。

(3) 发展趋势

① 售后服务越来越全面。售后服务现如今对于产品的销售至关重要,其涉及领域不仅仅是产品的维修。售后已经贯穿产品销售的整个过程,从订单处理开始,要时刻对客户提出的问题进行反馈,再到对物流的跟踪,最后对客户收到产品时遇到的问题,比如退货、换货等进行及时的处理,最后对于产品的质量进行保障。在维修期内的产品进行无偿的维修,还会对客户的使用体检进行电话回访。

② 售后服务方式不断多元化。随着电商产业的不断发展,售后的服务已经不仅仅局限为在维修网点提供维修服务,新增了比如电动牙刷的保养服务等一系列的配套服务,为客户提供更好的用户体验。

因此,刷业售后服务是围绕着商品销售过程而开展的配套服务体系。做好售后服务工作,是刷业销售服务工作的一个重要组成部分,也是整个商品交易过程的一个重要组成部分。

三、小结

中国刷业产业链发展是由上下游产业的互相作用形成的结果,上游产业主要包括刷业原材料的供应产业、研发行业以及设备制造业。其中,研发是刷业产业链上游市场中重要的一环,是提高刷业市场竞争力与生产效率的秘诀,设备制造业的创新发展也为刷业提升产品附加值做出贡献。

　　刷业的下游行业主要包括物流、电子商务以及售后等服务业。从物流方面来看,物流运行环境进一步改善,供给侧结构性改革成效显现,物流发展质量提升,整体行业成本下降,这对刷业产业的运输和及时的生产制造也是起到了重要作用;从电子商务方面看,电子商务作为刷子生产厂家与消费者联系的渠道,其对刷业的发展日益重要。在线销售的不断壮大及B2C电商模式的发展,使得刷业整体行业的需求量增大,交易量增加。从售后方面来看,刷业售后服务是围绕着商品销售过程而开展的配套服务体系,是刷业销售服务工作的重要组成部分,也是整个商品交易过程的重要组成部分。

第七章 中国刷业商业模式

商业模式是一种包含了一系列要素及其关系的概念性工具,用以阐明某个特定实体的商业逻辑。它描述了公司能为客户提供的价值以及公司的内部结构、合作伙伴网络和关系资本(Relationship Capital)等用以实现(创造、推销和交付)这一价值并产生可持续盈利收入的要素。任何一个商业模式都是一个由客户价值、企业资源和能力、盈利方式构成的三维立体模式。本书主要从中国刷业行业的研发模式、生产模式、营销模式和盈利模式四方面对中国刷业的商业模式进行探讨研究,以期为企业提供切实可行的解决方案。

一、中国刷业行业的研发模式

研发模式是刷业行业技术创新体系的重要组成部分,根据制刷企业的实际,采取合理的研发模式对于提高制刷企业的专业化水平、研发资源的使用效率以及自主创新能力具有重要意义。中国刷业行业的研发模式一般分为集中模式、分散模式、混合模式三种类型。

1. 集中模式

企业研发组织的集中模式是指企业在总部层面设立独立于各业务单位(或事业部,下同)之外的研发机构,该研发机构为所有的业务单位服务,各业务单位内部不再设立任何研发机构。这种模式的优点是重视长期经营目标,有利于培养企业的核心技术,有利于解决重大技术问题,研发资金能够集中使用,资金使用效率高;缺点在于研发单位对顾客、市场的变化反应慢,容易造成科技与生产的脱节。对于进行企业内的基础或应用基础研究,支持全新业务(独立于已有业务单位之外)的新技术研究,各下属单位的共性技术、核心技术、革命性的新兴技术研究,宜采用这种组织方式(图7.1)

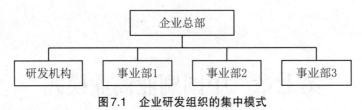

图7.1 企业研发组织的集中模式

2. 分散模式

分散模式是指企业不在总部层面设立独立于各业务单位之外的研发机构,而将研发机构置于各业务单位内部的研发组织方式。这种方式的优点是研发单位对顾客、市场的变化反应迅速,有利于技术与生产的结合;不足之处在于重短期经营目标,忽视长期技术积累与发展,不易培养核心技术,资金难以集中使用,容易造成低水平重复立项。对于直接面对应用的新产品和新技术开发,各下属业务单位的专用技术、地域性技术研究及非核心技术开发,传统技术的渐进性改进,宜采用分散模式(图7.2)。

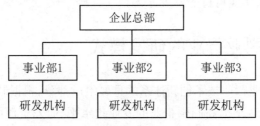

图7.2 企业研发组织的分散方式

3. 混合模式

设立独立于各业务单位之外的研发机构,又在各业务单位内部设立研发机构的研发组织方式。直接向总部负责的研发机构可以称为中央研究院。在混合模式条件下,对于企业内的基础或应用基础研究、支持全新业务开辟的新技术、各下属单位的共性技术、核心技术、具有革命性的新兴技术,由中央研究院组织研发;对于直接应用性的新产品和新技术开发、各下属业务单位的专用技术和地域性技术、非核心技术、传统技术的渐进性改进,由事业部下属的技术中心组织研发。混合模式吸收了集中模式、分散模式的优点,消除了这两种模式的不足,是国外大型制刷企业采用较多的一种研发组织模式(图7.3)。

刷业企业在行业中的地位、经营目标、技术战略、规模、产品战略等因素都会对企业的研发模式产生影响。对于小型企业、产品或业务单一的企业,由于涉及的技术相对简单或单一,研发队伍的总体规模小,通常采用集中模式设置研发机构。在企业规模越大、经营的产品或业务较为复杂的条件下,企业内部研发队伍的规模、技术的多样化程度更高,研发机构与业务单位的联系更加复杂,在这种情况下,集中模式不利于研发单位与业务单位的交流,也不利于研发机构对用户需求变化的快速反应,为了克服这些不足,这类企业通常采用研发组织的分散模式或混合模式。但企业规模和技术复杂程度是相对于企业领导层的技术和管理能力而言的,在企业规模较大、技术较复杂的条件下,企业领导层的技术和管理能力越强,越倾向于集团内部研发资源的统一调配,越倾向于采用集中式、混合式的组织模式;领导层对技术的把握能力、对集团内企业的管控能力越弱,越倾向于采用分散型的研发组织模式。在现实管理中,某些企业貌似采用分散型研发组织方式,但这种分散不是出于精心设计,而是总部软弱涣散,对技术创新放任自流、管控不力所致。

图7.3 企业研发组织的混合模式

刷业制造领域技术门槛较高,仅仅依靠单个企业探索全新领域显然很困难。我国现有刷业制造技术大多掌握在部分企业手中,而多数企业过于独立封闭,技术研发分散,未能形成合力,同一技术重复研究,浪费大量的研发经费和研发时间。而我国多数企业又热衷于大而全,一些具有较好关键部件研发基础的企业纷纷转入整体产品生产,难以形成研制、生产、制造、销售、集成、服务等有序、细化的产业链。中国刷业基地要加强行业间的资源整合,国产刷业品牌要加强自身品牌开发和宣传力度,不断开拓市场力度,加大研发经费投入。当地政府部门可以重点扶持当地有核心技术的龙头企业,在提高制刷工艺水平、制刷材料的研发方面给予资金支持。随着我国刷业的下游应用领域逐渐拓展,民用刷(比如鞋刷、睫毛刷、厨房刷、洁厕刷等)以及工业刷(比如防尘刷、抛光刷、清洗刷、研磨刷等)等对刷业需求不断上升,同时我国鼓励国内企业加大研发力度,鼓励质量更好、更加安全环保的刷业产品进入市场。所以制刷行业理应不断提高生产工艺水平和制刷新材料的研发,提高产品质量,生产适路对销产品,促进制刷行业增产增效。

二、中国刷业的生产模式

生产模式是指企业体制、经营、管理、生产组织和技术系统的形态和运作方式。现代科技的飞速发展,知识经济时代的到来,人们的需求日新月异,使产品更新换代的周期越来越短,多样化、个性化市场已经形成。在当今全球激烈的市场竞争环境中,如何在生产模式环节,快速满足用户多样化、个性化的需求,是企业制胜的关键。根据制刷企业的组织生产的特点,将企业的生产模式分为按单设计(Engineer To Order,ETO)、按单生产(Assemble To Order,ATO)、按单装配(Make To Order,MTO)和库存生产(Make To Stock,MTS)四种生产类型。

1. 按单设计

在这种生产类型下,某种刷业产品在很大程度上是按照某一特定客户的要求来定制的,所以说支持客户化的设计是该生产流程的重要功能和组成部分。因为绝大多数产品都是为特定客户量身定制,所以这些产品有可能只生产一次。在这种生产类型中,产品的生产批量较小,但是设计工作和最终产品往往非常复杂。在生产过程中,每一项工作都要特殊处理,因为每项工作都可能有不一样的操作、不一样的费用,需要不同的人员来完成。当然,除了特殊该产品专用材料之外也有一些与其他产品共享的原材料。

2. 按单生产

按单生产就是根据客户原先的订单设计制造客户所需的产品,而生产计划则是依据所收到订单中所指定的产品BOM规划生产排程及购买原料,可以完全依据客户的特殊要求制造其所需产品,且可将存货降至最低。

3. 按单装配

在这种生产类型中,客户对零部件或产品的某些配置给出要求,生产商根据客户的要求提供为客户定制的产品。所以,生产商必须保持一定数量的零部件的库存,以便当客户订单到来时,可以迅速按订单装配出产品并发送给客户。为此,需要运用某些类型的配置系统,以便迅速获取并处理订单数据信息,然后按照客户需求组织产品的生产装配来满足客户需要。生产企业必须备有不同部件并准备好多个柔性的组装车间,以便在最短的时间内组装出种类繁多的产品。

4. 库存生产

在按库存生产策略的类型中,客户基本上对最终产品规格的确定没有什么建议或要求,他们的投入很少。生产商生产的产品并不是为任何特定客户定制的。但是,按库存生产时的产品批量又不像典型的重复生产那么大。通常,这类产品可能属于大众化的市售通用规格的消费商品,也可能是企业的自有品牌产品;它随着市场的需求并参考本身的库存存量来决定是否要安排生产计划。

对于以上四种类型而言,要考虑生产车间的工序改进和工艺改良,加强生产设备的资金和技术投入以改进工序,提高生产效能。不同生产模式下订货提前期的比较,如图7.4所示。

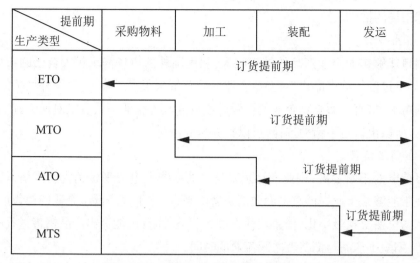

图7.4 不同生产模式下订货提前期的比较

三、中国刷业的营销模式

营销模式是指企业在营销过程中采取不同的方式方法,从而满足各个市场的不同要求以占领更多的市场。本书对中国刷业的营销模式进行了分类,并对不同的营销模式进行了比较分析,以期能够为制刷企业量身定制一个好的营销策划方案,取得最大的营销效果,赢得用户信赖,促进企业长远发展。

1. 刷业行业营销模式类型

目前,刷业行业的营销模式主要是国内直销、经销(代理)、出口、网络营销。其中,网络营销的渠道包括慧聪网、阿里巴巴批发网、京东、天猫等。

2. 各类营销模式比较分析

(1) 直销

刷业产品主要通过直销方式销售。生产商直接面向终端客户销售产品,这有利于企业由产品供应商向产品和技术综合服务商的转变,逐步形成自身的销售网络,提高其他竞争者进入的门槛。

(2) 经销(代理)

该种渠道形式能够给予经销商一定的资金支持,加强了与经销商的联系,从而能够提高经销商的积极性和忠诚度。其优势有:有利于产品品牌的建立,在国内市场适应能力和竞争力较强,对目标市场的反应速度较快,对中间贸易商的依赖性降低。代理渠道有利于企业通过代理经销商已有的销售网络实现产品在全国市场甚至全球市场的推广。

(3) 出口

出口能够扩大企业产品的销售收入,利用国外的市场需求扩大自己的市场份额,但如果过度依赖产品出口,会给企业的经营带来很大风险,一旦国外经济波动,影响到需求,将直接影响到企业的运营。该行业国外企业不具有绝对优势,产品价格偏高,所以出口是不错的选择,可以拓展海外市场。

(4) 网络销售

目前电商不断发展,刷业产品越来越多的在线上电商平台销售。网络营销的优势在于能够给企业提供直接面向消费者的平台,这不仅降低了企业的销售成本,使产品的价格实现最小化,使企业获得最大利益,而且还能突出产品销售过程的价格优势,缩短了产品与消费者之间流通的时间。

随着网络支付手段以及电子商务的成熟,网上购物安全性大大提高,刷业的渠道变革已经呈现出多样化特征,从单一的厂家直销到网络营销。目前网络营销主要包括B2B商城,如阿里巴巴批发网、慧聪网等。B2C商城包括京东、淘宝等。

表7.1为我国刷业行业营销模式对比。

表7.1 我国刷业行业营销模式对比

主要模式	优　点
直销	降低了成本,又利于渠道的控制和品牌的塑造与维护。在企业型用户竞争中,方式灵活
经销(代理)	生产企业在全国乃至全球发展代理商,方便异地市场对产品的购买。利于开拓市场阶段
出口	是扩大市场份额的渠道,也是打通国际市场的渠道
网络营销	随着电商的日益成熟,该渠道方便用户对产品信息查询,尽可能的扩大企业产品影响力

3. 制刷企业主要营销策略

未来刷业依旧是直销渠道为主,厂家直接销售产品给大客户。在出口方面可以通过外贸代理销售。电商网络销售额在未来会有所增长。本书以中国刷业城——桐城市范岗镇制刷企业营销策略为例进行分析。

范岗镇制刷业源于20世纪60年,兴于20世纪90年代末21世纪初,生产形式从单一的手工作坊发展到现在的半机械化、机械化生产,产品品种从最初的笔刷发展到现在的漆刷、滚筒刷、钢丝刷和异性刷等,产品规格一应俱全,并带动了相关配套产业的发展,逐渐形成了初具规模的装潢辅料市场,在促进地方经济的发展中起到了不可或缺的重要作用。范岗镇大多数企业是以国内直销、代理为主,部分是内直销、代理、出口、网络销售兼有。

出口有三种方式：

一种是企业在边贸集中区开设店面洽谈边贸和出口业务，然后根据订单由自家企业生产或委托生产，主要集中在浙江的义乌、温州和新疆的乌鲁木齐等地，有20—30户是采取这一模式的。浙江区域代表性的有：魏良银的新建制刷在浙江义乌设有店面，厂内专做外贸的漆刷，员工30—40人，员工平均工资在2500—3000元；产品质量较好、信誉度较高，其外贸滚筒刷的订单全部委托镇区其他经营户代加工。刘小根的河山制刷在义乌国际城设立了三个窗口，2006年7月取得了自营进出口权，2008年在义乌市兼任安徽省商会会长至今，年产销量达到1000万把油漆刷、500万只滚筒刷，先后在日本、德国、欧美等20多个国家和地区建立了长期的合作关系。邱永生的永生刷业在宁波有长期的店面。新疆区域的主要有金兔制刷的李金国、新研制刷的程根来、新河制刷的黄之启等。

第二种方式是为外贸单位代加工，如叶小斌的碧玉制刷为印尼客户加工，吴胜俊的俊鹰制刷为魏良银的新建制刷加工滚筒刷。

第三种方式是部分企业通过网店、网站等，洽谈网络订单和接洽外贸订单，如闻连生的连云刷业有限公司。

直销、代理依旧以汪氏三兄弟的午马、玉达、玉龙为龙头。午马公司在国内销售网络遍及全国各地，并与金川集团有限公司、辽宁省渤海船舶重工有限公司、鞍钢股份有限公司、中国石化汉江油田分公司、中国人民解放军某部队装备部舰船处等多家单位签订长期供货合同。玉达、玉龙制刷在国内外设立了70多处代理点，拥有强大的销售网络。大多内销企业还是依靠外销人员或亲戚朋友，在全国各地开设销售点或推销，产品发到全国各地的装潢材料大市场，委托代销；还有部分企业开设自己的网站和阿里巴巴等网络交易平台的网店接洽订单。

四、刷业行业的盈利模式

1. 盈利模式的分类

盈利模式分为自发的盈利模式和自觉的盈利模式两种。自发的盈利模式是自发形成的，企业对如何盈利，未来能否盈利缺乏清醒的认识。企业虽然盈利，但盈利模式不明确、不清晰，其盈利模式具有隐蔽性、模糊性、缺乏灵活性。自觉的盈利模式是企业通过对盈利实践的总结，对盈利模式加以自觉调整和设计而成的，它具有清晰性、针对性、相对稳定性、环境适应性和灵活性的特征。在市场竞争的初期和企业成长的不成熟阶段，企业的盈利模式大多是自发的，随着市场竞争的加剧和企业的不断成熟，企业开始重视对市场竞争和自身盈利模式的研究，即使如此，也并不是所有企业都能找到盈利模式。本报告主要通过分析盈利模式，以期对现有中国刷业的盈利方式进行改进。

2. 制刷企业盈利模式策略

由于各行业宏观和微观经济环境处于不断变化的状态中,没有一个单一的特定盈利模式能够保证在各种条件下都产生优异的财务结果。美国埃森哲咨询公司对70家企业的盈利模式所做的研究分析中,没有发现一个始终正确的盈利模式,但却发现成功的盈利模式至少具有3个共同的特点:第一,成功的商业模式要能提供独特价值。有时候这个独特的价值可能是新的思想,而更多的时候,它往往是产品和服务独特性的组合。这种组合要么可以向客户提供额外的价值,要么使得客户能用更低的价格获得同样的利益,或者用同样的价格获得更多的利益。例如,美国的大型连锁家用器具商场 Home Depot,就是将低价格、齐全的品种以及只有在高价专业商店才能得到的专业咨询服务结合起来,作为企业的盈利模式。第二,胜人一筹的盈利模式是难以模仿的。企业通过确立自己的与众不同,如对客户的悉心照顾、无与伦比的实施能力等,来建立利润屏障,提高行业的进入门槛,从而保证利润来源不受侵犯。比如,直销模式(仅凭"直销"一点,还不能称其为一个商业模式),人人都知道其如何运作,也都知道戴尔(Dell)公司是此中翘楚,而且每个商家只要它愿意,都可以模仿戴尔的做法,但能不能取得与戴尔相同的业绩,完全是另外一回事,这就说明了好的商业模式是很难被人模仿的。第三,成功的盈利模式是脚踏实地的。脚踏实地就是实事求是,就是把盈利模式建立在对客户行为的准确理解和假定上。

总体来看,国际化的大趋势给中国刷业带来了前所未有的发展机遇,同时也带来了巨大的挑战。面对日益加剧的市场竞争,制刷企业应认真分析行业形势,制定科学的发展战略,充分发挥各方积极性,使企业走上可持续发展之路。

五、小结

中国刷业的研发模式包括集中模式、分散模式、混合模式三种。其中集中模式与分散模型各有优缺点,混合模式吸收集中模式、分散模式的优点,消除了这两种模式的不足,是国外大型制刷企业采用较多的一种研发组织模式。

刷业的生产模式分为按单设计、按单生产、按单装配和库存生产四种。刷业按单设计是为特定客户量身定制;按单生产依据客户的特殊要求制造其所需产品;按单装配以客户需求组织产品的生产装配来满足客户需要;库存生产的产品并不是为任何特定客户定制的,但是产品批量又不像典型的重复生产那么大。

中国刷业的营销模式包括直销、经销、出口、网络营销。未来刷业依旧是直销渠道为主,厂家直接销售产品给大客户。在出口方面可以通过外贸代理销售。电商网络销售额在未来会有所增长。

　　刷业的盈利模式分为自发的盈利模式和自觉的盈利模式两种。前者模式不明确、不清晰,其盈利模式具有隐蔽性、模糊性、缺乏灵活性;后者是企业通过对盈利实践的总结,对盈利模式加以自觉调整和设计而成的,具有清晰性、针对性、相对稳定性、环境适应性和灵活性的特征。

第八章 2018—2025年中国刷业国际市场前景及预测分析

一、未来中国刷业市场前景分析

1. 刷业需求扩大必然性分析

随着经济发展水平的提高,刷子的需求逐渐增加,刷子的应用范围也逐步扩大。原本不需要刷子的领域也渐渐出现了刷子的"身影",增加了刷子的应用及市场需求。如新政策的制定及实施,高质量发展观念的深入以及人们对美丽家园的向往,使得环卫刷的需求空间不断加大。

(1) 新政策的制定与施行

国家政策的制定实施对刷子的需求起到了重要的作用,如乡村振兴战略的实施。一方面,对农村的居住环境有了较高的要求,农村环境的治理增加了环卫车及环卫刷的需求。以源潭为例,许多周边农村都会选择在源潭采购环卫刷以及环卫设备。另一方面,由于农村与城市建设的差异,乡村振兴政策在增加环卫刷数量需求的同时,也带来环卫车及环卫刷种类需求的差异,有助于环卫刷产品多元化的发展,增加了对环卫刷的市场需求空间。另外,环境保护具有长期性,使得环卫刷的市场需求也具有长期性。《中国制造2025》的提出,促进了制造业的优化升级,使得很多企业对刷子的需求更加具有针对性,需要量身定做,丰富了刷子种类。

(2) 经济发展水平的提高

一般来说,经济发展水平越高,对刷子的需求就会越大。以防尘刷为例,不同的防尘刷适应于各种机械:各种机床、环卫、家私、皮革、制鞋、电路板、纺织印染机械毛刷、印花定型机、玻璃清洗机、蔬菜水果清洗、镀锌板清洗等各种行业的清洗、打磨、抛光、传动等。以往在很多领域并未使用防尘刷,随着经济发展水平的提高,防尘刷子的应用更加广泛,需求也随之增加。如商场、购物中心、酒店等一般会使用条形刷装在活动门窗、旋转门、平滑门和手扶电梯等用来阻隔灰尘。此外,公交车、地铁、火车、高铁等也都会装有相应的条形刷用来防尘挡灰。

① 工业的发展。近年来,随着科技进一步的加快发展,制刷产业是与工业生产和人民生活关系十分密切的产业,也是国民经济的组成部分。国民经济各行各业都离不开制刷产业,所以说制刷产业是一个永远的朝阳产业,其优异的性能受到

了越来越多人的青睐。目前,刷子产品的品种、数量及品质都有了突飞猛进的发展,市场本身蕴藏了极大的潜力,具有广阔的发展空间。而且,随着工业向高端化、智能化方向的发展,很多新兴领域也缺少不了刷子的应用。

② 高质量发展。经济高质量发展的提出对刷业发展起到了重要的推动作用。在经济高质量发展的过程中,既要注重经济增长,又要兼顾生态环境治理与生态环境质量的提高,进而增加了工业刷的需求和环卫刷的使用。

(3) 社会环境的改善

新型城镇化不仅表现为人口城镇化率的提高,更强调以人为本,使转入城市的外来人员的生存条件、生活方式、生活质量等的城市化,使外来居民享有与城市原居民相同的政治、经济、文化权利以及生存发展的权利,促进社会和谐发展,强调新型城镇化应兼具全面、协调、可持续等特征。新型城镇化的发展提高了人们的生活质量和生活水平,进而增加了人们对牙刷、化妆刷等民用刷的需求。绿色发展目标的推进,提高了人们对居住环境和美好生活的追求,增加了对环卫车和环卫刷的需求,同时,绿色发展理念的深入,提高了工业等各行业的环境治理要求,也间接带动了工业刷等刷子的需求。

(4) 技术的研发与进步

我国新能源、节能环保、电动汽车、新医药、新材料、生物育种和信息产业等新兴产业的快速发展,极大地提高了我国的科技水平,而这些高精尖行业的发展本身也需要使用刷子,如飞机、航天机械设备的制造等,从而带动了刷业行业产品研发与创新。可见,随着我国技术环境的完善,刷子未来应用前景也会更广阔。

2. 刷业需求扩大可行性分析

根据2017年国民经济行业分类,刷业主要是指用原毛加工成生产刷业类产品的成品毛的生产,或以成品毛和棕金属丝、塑料丝等为原料加工制刷的生产。2017年刷业工厂规模达到600亿元,出口额占行业总产值43%,出口额为38.52亿美元,行业的优势特点主要表现为:一是产品种类多,应用领域广泛;二是企业数量多,工厂遍布全球;三是产业分布集中,形成多个特色区域;四是行业处于快速发展阶段,市场空间大。该行业面临的挑战有:行业标准不完善,很多产品标准有待建立与完善;行业集中度低,以中小企业居多;生产成本高,利润空间不断压缩;依赖出口,属于外向型产业。

从刷业的品种来看,传统的民用刷业的产品价格低廉、产量大、生产工艺成熟,其生命周期已处于成熟期;而新品种民用刷业及工业刷市场产品单价高、发展日新月异,特别是随着工业需求结构上定制需求的增加,将会进一步推动刷业的极大发展。因此,作为新品种刷业生产行业正处于行业生命周期的初创期至成长期阶段。民用刷由于产品生产工艺较简单,市场进入壁垒低,生产成本低,所以产量较高,市场已趋于饱和,属于典型的买方市场。这个细分行业显然接近于完全竞争市场结构,这些产品的价格受企业生产成本的制约,哪家企业能把成本降下来,其就能够以更低的价格销售,从而获得更高的市场份额,所以民用刷产品的价格竞争相对更激烈。工业刷和异形刷生产工艺较为复杂,有些定制产品甚至需要临时研发,对生产设备进行改组改造,所以成本较高,产量有限,市场变化也较快。这个行业介于垄断竞争和寡头垄断之间,市场竞争更多取决于生产技术和研发能力以及大规模的设备投资和改造。环卫刷最早主要依靠进口,后来开始模仿外国产品进行自主生产。目前环卫刷市场主要集中在安徽源潭镇,新疆也有一些环卫刷企业。由于环卫刷生产需要具备一定的技术含量,因此需要相应的生产技术和设备投资,这个往往是企业产品升级换代的结果。目前来看,环卫刷市场需求量较大,市场远未饱和,未来5—10年将是环卫刷发展的黄金时期。

刷业的质量与企业的生产技术水平有密切关系。目前,中国部分企业的技术已处于较高水平,但是大部分小型企业的生产技术水平仍然有待提高。生产技术的提高有利于产品性能的提高,而产品性能提高可以进一步促进市场规模的扩大。国家出台的相关政策会对刷业产生一定的促进或监督作用,进而影响该产品的市场规模。

随着中国加工制造业的发展、技术水平的提高以及对产品质量要求的不断提升,中国刷业市场也由初期的低端化逐渐走向高端化,未来需要质量更高的刷业来适应行业发展的要求,当然能符合测试要求、高性价比、质量稳定、便于开发、良好的技术支持和售后的刷业现在更适合中国市场。总体来看,刷业的需求潜力较大。

二、中国刷业国际市场预测分析

中国现代制刷业发展源于20世纪70年代,兴起于21世纪初,目前已经形成原材料供应、产品研发、生产、包装、物流等成熟的产业链。我国的刷业经历了手工制作—半机械化家庭作坊生产—机械化集约化生产等自主研发阶段,近年来通过引进国外技术,产品得到不断升级,逐渐形成刷业产业集群现象。

从生产规模上看,刷业一般分为家庭作坊式、雇工式和规模化。家庭作坊式企业的产值一般不超过200万元,雇工式企业的产值在200万至400万元,一般规模化企业的产值一般为400万至1500万元,较大规模化企业的产值达1500万元以上。

吴波[1]在2010年的调研中探讨过以"中国刷业城"桐城市范岗镇为代表的制刷产业生产情况,制刷产业资本积累主要是以内源性资本为主,没有外资进入,主要

[1] 吴波.安徽省桐城市制刷产业集群发展与升级研究[D].合肥:安徽大学,2011.

是中小企业和家庭作坊式企业,虽然出现了较有规模和影响的企业,如玉桐制刷有限责任公司和午马制刷有限责任公司可以算得上是较大规模化企业。玉桐制刷有限公司年产量5500万余支,有200多种系列产品,有"玉桐"等各类注册商标55件,通过ISO 9001质量管理体系认证。午马公司主要生产午马漆刷、滚刷、羊毛刷等,年产量高达8000万支,品种达300余种,可根据客户要求定制刷品,有"午马"等各类注册商标45件,通过GB/T 19001—2000和ISO 9001:2000质量管理体系认证。但总体上来看,刷业企业规模普遍较小,没有较强的品牌效应。

为进一步分析刷业市场的未来发展趋势,本书运用ARIMA(p,d,q)时间序列模型和R程序对刷业未来市场情况进行预测。

ARIMA模型又称博克斯-詹金斯预测模型(The BOX-Jenkins Model),简称B-J模型。B-J模型是对时间序列预测精度较高的时间序列模型。ARIMA模型是在ARMA模型的基础上发展而来的,ARMA(p,q)模型包含一个自回归模型AR(p)与一个移动平均模型MA(q),适用于平稳时间序列模型的拟合与预测,实际时间序列往往是非平稳的。对于不含季节性因素的非平稳时间序列而言,可以通过取差分形式来平稳化,然后对差分后序列进行平稳性检验,通常情况下,差分次数不会超过2。一旦获得平稳时间序列,则可以使用ARMA模型的方法来建立模型,用来近似描述这个平稳随机过程。经过d阶差分变换后的ARMA(p,q)模型称为ARIMA(p,d,q)模型,即

$$(1-L)^d X_t = \phi_1 X_{t-1} + \phi_2 X_{t-2} + \cdots + \phi_p X_{t-p} + \varepsilon_t + \theta_1 \varepsilon_{t-1} + \theta_2 \varepsilon_{t-2} + \cdots + \theta_q \varepsilon_{t-q}$$

或简记为

$$\Phi(L)(1-L)^d X_t = \Theta(L)\varepsilon_t$$

其中,d为实现序列平稳而需要进行的普通差分次数。

在进行ARIMA建模的过程中,首先要对时间序列做平稳性检验,若不平稳,则对数据进行处理,比如取对数、进行一阶差分等,以达到时间序列的平稳性。其次,要估计模型的自回归和移动平均的参数。最后,对模型进行诊断,检验残差序列是否为白噪声。

本书基于2010—2017年与2012—2017年时间序列数据,分别运用ARIMA(2,2,1)和ARIMA(1,2,1)模型通过R程序来预测2018—2025年各类刷子的需求变化情况。

刷制品生产环节较少,包括从上游原料辅料生产供应,到中间产品生产,再到最终刷制品出厂,但生产利润较低。其利润障碍主要来自:原材料库存占用较多资金,市场竞争激烈,企业面临开发新产品的压力,出口产品品质要求严格,对企业员工素质要求越来越高。根据《统计用产品分类目录》的分类,刷类制品有牙刷、漆刷及类似刷、梳妆及化妆用刷、金属丝刷、家用刷及类似制品和其他刷类制品。由于

刷业属于出口外向型产业,因此本书主要通过分析民用刷(牙刷、制漆刷、梳妆用刷)、工业刷、环卫刷的出口量来考察刷业市场供需现状。

1. 2018—2025年民用刷市场预测

(1) 牙刷

采用所构建的ARIMA模型对中国2018—2025年的牙刷出口量及出口金额进行预测,预测结果如图8.1所示。从图8.1中可以得出,未来几年中国的牙刷出口量及出口金额一直保持逐步上升趋势。对于牙刷出口量的变动,根据预测,截至2025年中国的牙刷出口有望达到2018年的两倍左右,说明中国牙刷的市场需求量具有较大的上升空间,未来发展前景较好。

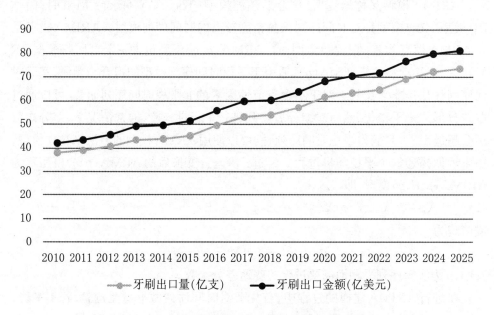

图8.1 中国牙刷出口量与出口金额的现状及趋势

中国牙刷出口量最大的省份是江苏省,江苏省的牙刷出口数量远远超过其他省份,在牙刷出口方面具有举足轻重的地位。根据表8.1,2018年江苏省的牙刷出口量大约是牙刷出口量排名第二、第三的广东省、浙江省的4到5倍,并且江苏省的牙刷出口量还在逐年增长,预计到2025年江苏省的牙刷出口将会从2018年的33.26亿把增加到43.61亿把。从表8.1可以看出,中国牙刷出口量前十的地区主要集中在中东部地区,西部省份只有新疆进入前十。

表8.1 中国牙刷出口量前十省份现状及预测(单位:亿把)

省份	2012年	2013年	2014年	2015年	2016年	2017年	2018年	2019年	2020年	2021年	2022年	2023年	2024年	2025年
江苏	24.38	26.70	26.60	26.48	30.22	31.78	33.26	34.74	34.74	36.21	39.17	40.65	42.13	43.61
广东	4.53	5.49	5.79	6.75	6.86	7.47	7.42	8.03	7.99	8.60	8.55	9.15	9.12	9.73
浙江	5.75	5.31	4.94	4.68	5.07	5.72	6.53	7.45	8.44	9.49	10.56	11.66	12.77	13.88
河北	1.40	1.44	1.60	1.67	1.64	1.85	1.87	1.99	2.06	2.15	2.23	2.32	2.40	2.49
广西	1.53	1.33	1.63	1.82	1.87	1.62	1.52	1.46	1.42	1.39	1.36	1.34	1.31	1.28
山东	0.29	0.51	0.73	0.90	1.10	1.26	1.45	1.61	1.80	1.96	2.16	2.31	2.51	2.67
新疆	0.16	0.14	0.18	0.17	0.71	1.25	1.84	2.38	2.97	3.51	4.11	4.65	5.24	5.78
湖北	0.46	0.56	0.53	0.73	0.69	0.97	0.93	1.21	1.17	1.45	1.41	1.69	1.65	1.93
上海	1.36	1.23	1.24	1.02	0.79	0.65	0.51	0.36	0.22	0.08				
福建	0.27	0.26	0.27	0.17	0.22	0.13	0.51							

(2)制漆刷

① 猪鬃制漆刷及类似刷。采用所构建的ARIMA模型对中国2018—2025年的猪鬃制漆刷及类似刷出口量及出口金额进行预测,预测结果如图8.2所示。根据图8.2,我们可以看出,中国猪鬃制漆刷及类似刷的出口量就不同年份而言有所波动,长期来看,未来几年呈现逐年缓慢下降的趋势。其出口金额也呈现出下降趋势;根据预测,未来几年猪鬃制漆刷及类似刷的出口金额下降速度要快于出口量的下降速度,说明中国猪鬃制漆刷及类似刷的需求量在未来几年将出现下降趋势,需要及时升级产品生产方式,调整产品营销策略,以保证市场占有率。

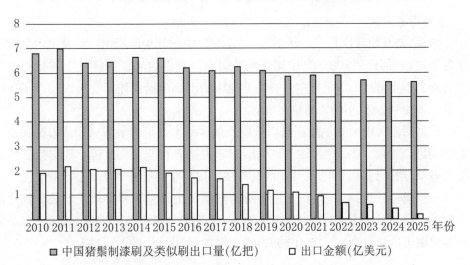

图8.2 中国猪鬃制漆刷及类似刷出口量现状及2018—2025年预测

根据图8.3所示,中国猪鬃制漆刷及类似刷出口量前十地区分别是江苏省、浙江省、山东省、广东省、安徽省、河北省、江西省、天津市、上海市以及湖北省。除了在牙刷出口量排名第一之外,江苏省在猪鬃制漆刷及类似刷出口方面同样排名第一,而且出口量同样远远超过其他省份。根据预测结果显示,到2025年,中国猪鬃制漆刷及类似刷出口量对不同省份将会出现不同变化,其中一些省份如河北省、江西省等省份的猪鬃制漆刷及类似刷的出口将会出现增长,其余省份则会保持不变或出现缓慢的下降。

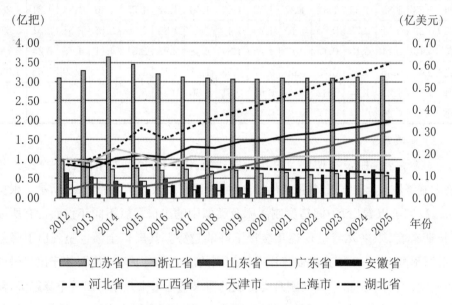

图8.3　中国猪鬃制漆刷及类似刷出口量前十地区现状及2018—2025年预测

② 其他漆刷。

图8.4是其他漆刷数据。从图8.4可以看出中国其他漆刷出口量及出口金额正在逐年增加,预计到2025年,中国其他漆刷出口量将会从2010年的5.12亿把左右增加到2025年的12.45亿把左右。而其他漆刷出口金额预计将会从2010年的1.63亿美元增加到2025年的3.56亿美元。

根据图8.5,中国其他漆刷出口量前十地区基本上仍然是牙刷和猪鬃制漆刷及类似刷出口量前十的地区,江苏省仍然牢牢占据着行业龙头地位。根据数据预测结果显示,预计到2025年,江苏省的其他漆刷出口量将会达到7.3亿把。

根据模型预测结果显示,其他省份的其他刷出口量同样会较快增长。预计浙江省的其他刷出口量将会从2018年的1.5亿把增加到2025年的2.2亿把,广东省的其他刷出口量将会从2018年的1.0亿把增加到2025年的1.7亿把。

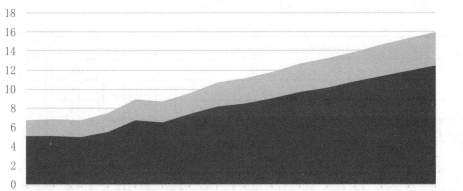

图 8.4　中国其他漆刷出口量及出口金额现状及预测

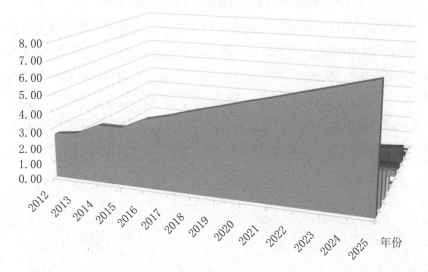

图 8.5　中国其他漆刷出口量前十地区现状及 2018—2025 年预测(单位:亿把)

（3）梳妆用刷

采用所构建的 ARIMA 模型对中国 2018—2025 年的梳妆用刷出口量及出口金额进行预测,预测结果如图 8.6 所示。从图 8.6 中可以得出,中国梳妆用刷出口量已经从 2010 年的 5.12 亿把增加到 2018 年的 8.44 亿把,预计未来还将持续增加,根据预算结果显示,到 2025 年,中国梳妆用刷出口量预计将会达到 12.45 亿把。就中国梳妆用刷出口金额来说,2010 年中国梳妆用刷出口金额为 1.63 亿美元,截至 2018 年年底,中国梳妆用刷出口金额已经达到 2.56 亿美元,预计到 2025 年将会达到

3.56亿美元。这表明中国梳妆用刷业国外市场前景较好。

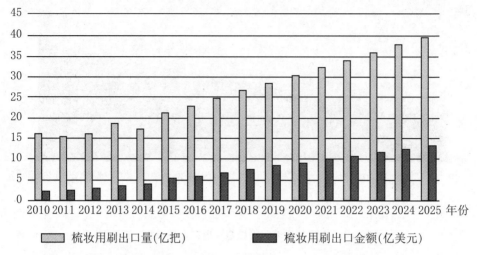

图8.6　中国梳妆用刷出口量及出口金额现状及预测

采用所构建的ARIMA模型对中国各省市2018—2025年的梳妆用刷出口量及出口金额进行预测,中国梳妆用刷出口量排名前十位的地区预测结果如图8.7所示(本书最后另有彩图)。从图8.7中可以看出,中国梳妆用刷出口量排名前十位的地区有浙江省、江苏省、河北省、天津市、上海市、山东省、福建省、辽宁省、河南省。其中,出口量及出口金额最大的地区是广东省,2010年,广东省梳妆用刷出口量为3.9亿支,2018年的出口量为10.1亿支,预计到2025年将会达到17.3亿支。

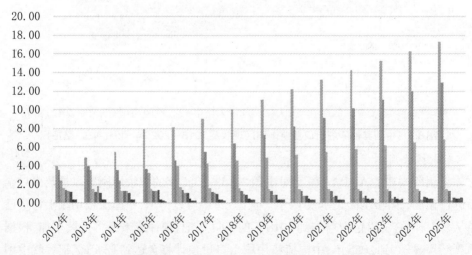

图8.7　中国梳妆用刷出口量前十地区(单位:亿支)

2. 2018—2025年工业刷市场预测

本书将工业用刷分为机器、器具零件的金属丝刷,其他作为机器、器具零件的刷,车辆零件的金属丝刷,以及其他作为车辆零件的刷。

(1) 机器、器具零件的金属丝刷

采用所构建的ARIMA模型对中国2018—2025年的机器、器具零件的金属丝刷出口量及出口金额进行预测,预测结果如图8.8所示。根据图8.8,我们可以看出,器具零件的金属丝刷出口量及出口金额就不同年份而言均有所波动,但从长期来看,未来几年均呈现逐年缓慢上升的趋势。根据测算结果,到2025年,中国机器、器具零件的金属丝刷出口量将会达到1.65亿个。说明中国机器、器具零件的金属丝刷的需求量在未来几年仍保持上升趋势,但增速相对缓慢。

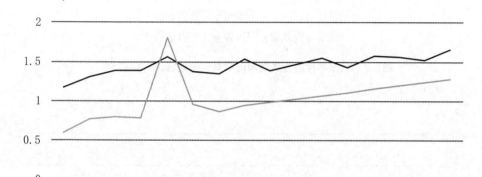

图8.8 中国机器、器具零件的金属丝刷出口量及出口金额趋势

从图8.9(本书最后另有彩图)看到,在机器零件的金属丝刷出口量前十地区中,出口量最大的是浙江省,其次分别为江苏省、上海市、广东省、山东省、河北省、湖北省、四川省、安徽省以及福建省。

(2) 其他作为机器、器具零件的刷

采用所构建的ARIMA模型对中国2018—2025年其他机器、器具零件刷的出口量进行预测,预测结果如图8.10所示。从图8.10中可以得出,未来几年的出口量还将持续增长趋势。说明中国其他作为机器、器具零件的刷的市场需求量的上升空间还很大。

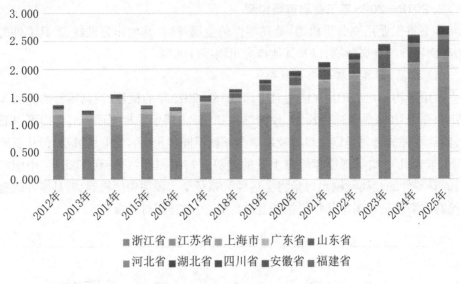

图8.9 机器零件的金属丝刷出口量前十地区(单位:亿个)

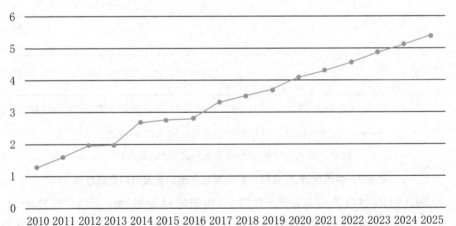

图8.10 其他作为机器、器具零件的刷出口量趋势(单位:亿个)

从图8.11(本书最后另有彩图)中可以看到,近几年来,中国机器零件的刷出口量前十地区按照排名依次为广东省、江苏省、浙江省、上海市、天津市、福建省、安徽省、北京市、山东省、河北省。其中广东省在2012年的机器零件刷出口量为1.01亿个,到2018年已经达到2.0亿个,预计到2025年机器零件刷出口量将会达到3.24亿个。其他大部分省份的机器零件刷出口量也将持续增长。

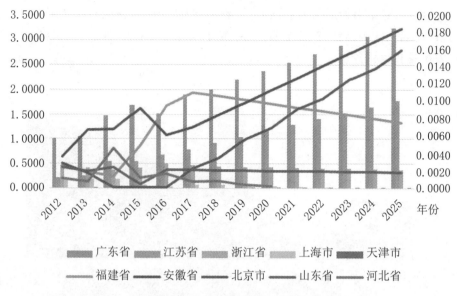

图8.11　中国机器零件的刷出口量前十地区（单位：亿个）

（3）车辆零件的金属丝刷

采用所构建的ARIMA模型对中国2018—2025年车辆零件的金属丝刷的出口量及出口金额进行预测，预测结果如图8.12所示。从图8.12中可以得出，中国车辆零件的金属丝刷出口量与出口金额波动较大，就整体走势来说，在缓慢下降。未来几年的趋势的出口量及出口金额还将持续处于下降趋势。预计2025年，中国车辆零件的金属丝刷出口量将会从2018年的4.61亿个下降到3.4亿个。中国车辆零件的金属丝刷出口金额将会从2018年的0.019亿美元下降到0.012亿美元。说明中国车辆零件的金属丝刷的市场未来发展前景并不乐观。

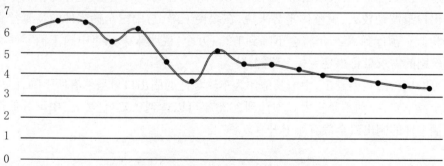

图8.12　中国车辆零件的金属丝刷出口量与出口金额趋势

从图 8.13(本书最后另有彩图)可以看到,中国车辆零件的金属丝刷出口量前十地区排名依次为浙江省、江苏省、上海市、广东省、山东省、河北省、湖北省、四川省、安徽省和福建省。

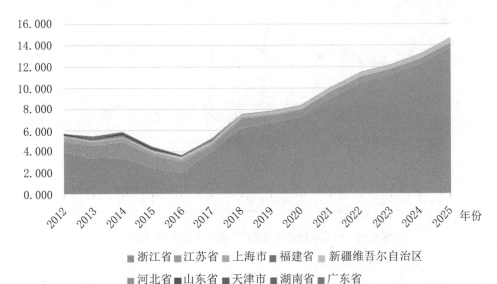

图 8.13 中国车辆零件的金属丝刷出口量前十地区(单位:百万个)

浙江省 2012 年金属丝刷出口量为 0.87 亿个,2018 年的出口量为 1.07 亿个,按照理论模型的预算结果,预计到 2025 年,浙江省的车辆零件的金属丝刷出口量将会达到 1.67 亿个。

(4) 其他作为车辆零件的刷

采用所构建的 ARIMA 模型对中国 2018—2025 年其他作为车辆零件的刷的出口量进行预测,预测结果如图 8.14 所示。从图 8.14 中可以得出,其他作为车辆零件的刷出口量波动较大,就整体走势来说,在缓慢下降,与中国车辆零件的金属丝刷趋势相似。预计到 2025 年将会下降到 1.2 百万个,说明未来几年中国车辆零件的金属丝刷的需求量将出现大幅下降趋势。

可以从 8.15 图中看出,中国其他作为车辆零件的刷出口量虽然有所下降,但从出口金额来看,变动不是很大。预计到 2025 年可以达到 0.028 亿美元,中国其他作为车辆零件的刷出口金额有所上升。

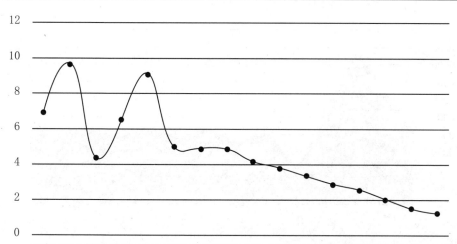

图8.14 其他作为车辆零件的刷出口量(单位:百万个)

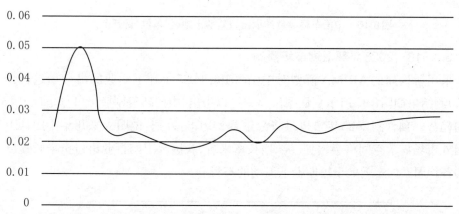

图8.15 其他作为车辆零件的刷出口金额(单位:亿美元)

图8.16(本书最后另有彩图)显示,中国其他作为车辆零件的刷出口量前十地区有浙江省、江苏省、广东省、山东省、安徽省、河北省、上海市、北京市、福建省以及天津市。其他作为车辆零件的刷出口量最大的是浙江省,2012年出口量是1.16百万个,2018年出口量是0.69百万个,预计到2025年出口量将会是1.1百万个,出口量基本与近几年持平。

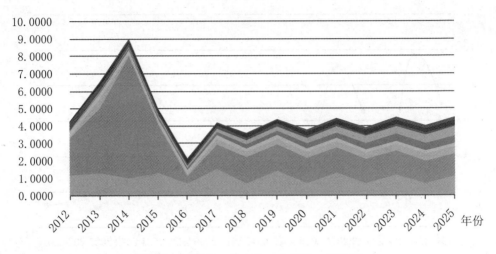

图8.16 中国车辆零件的刷出口量前十地区(单位:百万个)

3. 2018—2025年环卫刷市场预测

采用所构建的ARIMA模型对中国2019—2025年环卫刷业的出口量进行预测,预测结果如图8.17所示。从图8.17中可以得出,中国环卫刷业出口量呈现出上升的趋势。预计到2025年出口量将会达到2491.89万把,说明未来几年中国环卫刷国外市场需求空间将会增加。从增长率来看,我国环卫刷行业出口量增长速度受到各种因素的影响处于短期上下波动的态势。

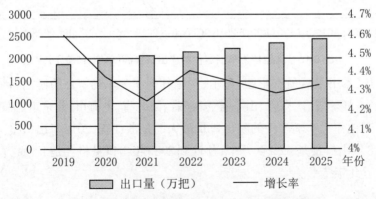

图8.17 2019—2025年然后中国环卫刷行业出口量预测(单位:万把)

通过观察图8.18,我国环卫刷行业出口额是逐渐递增的趋势,到2025年环卫刷行业出口额预测结果为6079.10万美元。从增长率来看,我国环卫刷行业出口额增长速度受到各种因素的影响处于短期上下波动的态势。

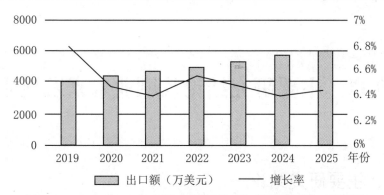

图8.18　2019—2025年中国环卫刷行业出口额预测(单位:万美元)

三、小结

本报告根据搜集的数据运用ARIMA(2,2,1)和ARIMA(1,2,1)模型通过R程序来预测中国刷业市场前景并进行分析。

由于刷业属于出口外向型产业,因此,主要通过分析民用刷(牙刷、制漆刷、梳妆用刷)、工业用刷(机器、器具零件的金属丝刷、其他作为机器、器具零件的刷、车辆零件的金属丝刷、其他作为车辆零件的刷)和环卫刷的出口量和出口金额来考察刷业市场供需现状。

① 牙刷,其他漆刷,梳妆用刷,机器、器具零件的金属丝刷,其他作为机器、器具零件的刷以及环卫刷的出口量和出口金额未来都将保持逐步上升的趋势,说明其市场需求量上升空间较大,发展前景较好。

② 猪鬃制漆刷及类似刷,车辆零件的金属丝刷,其他作为车辆零件的刷出口量未来将呈现下降趋势;出口金额方面,除其他作为车辆零件的刷略微有所提升外,其余刷类未来均出现不同程度的下降,说明其市场需求量在未来几年将出现下降趋势,需要及时升级产品生产方式,调整产品营销策略,以保证市场占有率。

第九章 主要研究结论及刷业未来发展思路

一、主要研究结论

1. 中国刷业国内外供给呈增长态势,"以价取胜"走向"以质取胜"

从国内供给来看,中国刷业产量总体呈增长态势,而国外供给方面,"猪鬃制漆刷及类似刷"进口量上下波动幅度较大,但环卫刷的进口量在逐年增加。刷业细分行业结构和市场容量方面,传统的民用刷子价格低廉、产量大、生产工艺成熟,处于成熟期;新品种民用刷及工业刷市场产品单价高、发展日新月异;环卫刷市场需求量较大,未来5—10年将是其发展的黄金时期。

2. 中国刷业需求结构多元化,市场规模逐步平稳扩大

从需求结构来看,需求占比较高的刷具主要包括化妆用刷、牙刷、涂装用刷、工业抛光刷、工业防尘刷以及环卫刷等。其中化妆用刷、涂装用刷、工业防尘刷和环卫刷市场规模均逐步平稳地扩大。从出口来看,除了猪鬃制漆刷及类似刷出口量呈现下降态势外,其他民用刷、工业刷和环卫刷均有不同程度的增长。

3. 中国制刷业的良好发展与宏微观环境密切相关

中国刷业发展虽受到中美贸易摩擦等国际经济因素的影响,但在中国进入经济高质量发展的新时代背景下,居民收入水平不断提高,产业结构不断趋向合理化和高级化,新型城镇化及绿色发展水平不断提高,再加上国家和地方政府的精准施策、政策扶持,国内刷业的技术革新与产品升级,均为制刷企业的发展壮大提供了坚实的基础。

4. 中国刷业产业链完整,上下游行业配合紧密

中国刷业产业链发展是由上下游产业互相作用形成的结果。上游产业主要包括刷子原材料的供应产业、研发行业以及设备制造业。而研发是提高刷业市场竞争力与生产效率的秘诀,设备制造业的创新发展可以提升刷业产品附加值。刷子的下游行业主要包括物流、电子商务及售后等服务业,便利了刷业产品的运输,拓宽了刷业产品的销售渠道等。

5. 中国刷业商业模式多样,特点各异

中国刷业的研发模式包括集中模式、分散模式、混合模式三种类型。混合模式扬长避短,是国外大型制刷企业采用较多的一种研发组织模式。刷业的生产模式分为按单设计、按单装配、按单生产和库存生产四种类型。中国刷业的营销模式包括直销、经销、出口、网络营销。盈利模式分为自发的盈利模式和自觉的盈利模式两种。

6. 中国刷业发展兴旺,市场前景广阔

通过采用 ARIMA 模型预测分析中国刷业市场前景,发现牙刷,其他漆刷,梳妆用刷,机器、器具零件的金属丝刷,其他作为机器、器具零件的刷以及环卫刷的出口量和出口金额都将保持逐步上升的趋势,发展前景较好。而猪鬃制漆刷及类似刷,车辆零件的金属丝刷的出口量与金额则均有所下降,其他作为车辆零件出口量下降,而出口金额略微提升。

二、刷业未来发展思路

1. 转变思想观念及政府角色,促进刷业转型升级

(1) 转变政府思想观念

地方政府在本地区经济发展的过程中扮演着非常重要的角色,为促进刷业企业的良好发展,政府要树立正确的刷业发展观念。根据本地区经济发展的具体情况以及居民环境偏好的差异,制定刷业发展规划、发展政策及环境标准,促进刷业企业的绿色发展。积极支持刷业企业发展,并努力帮助刷业企业摆脱面临的困境。资金上,对于正外部性的刷业企业实行财政补贴和补助,从银行入手,降低企业使用银行资金的风险;土地上,制定符合本地区实际情况的土地政策,支持刷业企业扩大再生产;技术上,对企业实行技术财政支出专项,鼓励企业技术研发及技术方面的学习、合作与交流;人才上,制定本地区的人才吸引政策,为企业吸引精英人才,促进刷业企业的转型升级。

(2) 转变企业思想观念

企业要想长远发展,归根到底取决于企业管理者是否拥有深远的思想和长远的目光。在刷业企业的管理者中,大多思想因循守旧,故步自封,属于风险规避者,在很大程度上制约了企业的进一步发展。另外,一些刷业企业的管理者在资金和建厂方面,出于企业的安全起见,大多不会扩大资金规模和生产规模;在技术方面,认为自己是土专家,可以模仿生产,大多不会"走出去"学习与交流;在用人方面,大多管理者重用家族亲人,期待下一代接班,周而复始,限制了企业发展。面对这种情形,刷业企业管理者的发展思想亟须转变,地方政府要加强对刷业企业管理者的

培训与交流,帮助其树立长远的发展理念;刷业企业管理者自身要不断学习与交流,敢于抓住市场机遇,扩大企业规模,敢于用人,善于用人,把企业不断发展壮大。

(3) 转换政府角色,提升政府服务水平

政府要尽快完善刷业市场监管的具体规章、制度,为市场监管工作提供有力依据;政府要积极营造遵纪守法、诚实守信的社会法制和信用环境,健全信用体系建设。更为重要的是,当前政府要加大对刷业市场秩序的整顿力度,引导企业进行有序竞争。行业协会与工商行政管理部门、质量监督部门相互配合,建立打假维权系统,对各种假冒伪劣的刷制品和侵犯刷制品专利权的不法行为要依法严厉打击。政府应利用信贷、税收等经济杠杆,引导企业专注于开发新产品、改进工艺、降低成本工作,而非忙于低价恶性竞争。

2. 发挥集聚优势,推进品牌建设,引领刷业高质量发展

在刷业发展过程中,领军企业在经营发展方向上具有重要的引领作用,能够有效引导产业集群企业开展技术开发和传导。重点培育、扶持一批有实力、有潜力的企业,努力建设成为国内外刷业领军企业,促进领军企业找准市场定位,瞄准市场需求,大力提升中国刷业的国际竞争力。并把品牌建设与提升企业核心竞争力有机结合起来,不断提高产品质量和管理水平,加强刷业产品配件的设计水平,加强品牌的营销和宣传,努力提高市场知名度、美誉度和占有率,在推动刷业工业园区建设的过程中,充分发挥品牌企业和品牌产业集聚的平台作用,培育品牌产业链。鼓励刷业企业进行技术专利申请、商标注册、著名商标申报,提倡刷业企业开展名牌经营活动,鼓励和支持名牌企业收购、兼并相关企业,促进名牌企业低成本扩张,快速提高品牌经营质量,扩大品牌市场占有率。大力支持符合条件的名牌产品生产企业加快上市进程。发挥品牌产业群,形成品牌集聚区,使其既有质量品牌又有规模优势。

3. 增强研发能力,融合人工智能,引领企业转型升级

产品的研发需要考虑产品的性能、用途、外观等因素,如何做出便捷耐用、实用性强、形象美观的刷子,是制刷行业需要考虑的问题。刷业的研发途径有两条,包括合作研发、自主研发,以增强刷业企业研发能力。随着信息化、先进制造技术等高新技术的逐渐成熟,可以将人工智能融合在刷业产业生产中,推动刷业产业的高技术化,带动刷业产业的整体提升。充分发挥信息技术和工业自动化技术的渗透性、倍增性作用,在刷业产业的生产和服务上提高生产自动化水平、智能化水平和现代化管理水平,提升产品质量,增加经济效益,推动刷业产业结构转型升级。在技术层面上可以由集中自动化趋向分布式自动化,现场总线趋向以太网,刷业有线自动化趋向无线通信技术,通过应用信息技术和自动化改造提升刷业产业,实现自动化产业和传统刷业产业互动与融合。

4. 注重创新创意，创新管理方式，提升产品附加值

目前我国刷业企业缺乏自主创新能力，产品同质化较为严重，大多数刷业企业在出口贸易中依靠价格优势取胜。为促进刷业企业发展，刷业企业应当增加科技投入，促进产品研发，提升产品核心竞争力，增加产品的附加值。此外，不断加强刷业企业自主创新能力建设，寻求刷业企业在核心竞争力上实现突破，优化升级刷业产业结构，转变刷业增长方式，依靠自主创新不断完善技术自主创新体系，获得产品开发的竞争优势。以技术创新为核心，引领刷业产业逐步向高端化和品牌化发展，引导刷业企业由最初的做产品向做品牌迈进，提升企业经济效益。其次，我国刷业企业应不断引进国外先进管理理念，创新或引入管理企业、控制与管理生产过程的方法和软件，以便在节约企业资源的条件下，适时掌握和控制企业生产和经营服务业务，实现高效率运行。引导刷业企业创新管理制度，研究或引入专用毛刷单件生产的管理与控制理论、模式、科学方法和软件，培养或引入管理人才，贯彻由行业或国家发布的毛刷企业规范、法规，转变或改造家庭式企业的体制、管理模式、习惯和观念等，全面提高企业管理水平和企业素质。

5. 延伸刷业产业链，提升刷业价值链

通过产品研发、技术改造、智能制造等，不断提高产品质量、推动制刷行业的转型升级。

① 推动工业刷提质增效。随着生产自动化水平的不断提高，工业刷用途将更加广泛，工艺要求、技术水平要求也更加精细，因此要充分发挥技术工人的优势，结合市场需求，加强与科研院所、高等院校的交流合作，大力研发工业刷高技术产品。

② 引导民用刷转型升级。面对民用刷业"点多、面散、规模小"的态势以及人们对民用刷品质要求的提高，一方面要大力引进国内外知名民用刷企业，通过发挥"鲶鱼效应"，带动本土民用刷企业增强竞争力；另一方面要大力发展生活用刷，引导企业加强产品分类研究，发挥特色产品市场优势，加强新产品研发，促进产品市场升级，适度扩大规模，促进企业多元发展优势产品，以满足消费者对生活用刷的款式、性能等各项要求。

③ 促进环卫刷提升品质。面对环卫刷生产规模小、同质性强、产品品质不高、市场竞争激烈等问题，应通过市场化方式，引导环卫刷生产企业引进先进生产装备，提高企业生产技术和生产管理水平，改善生产流程设计，提高产品质量。同时，在环卫刷的零配件配备、工艺流程等生产组织中严把品质关，从源头上强化优质原料的使用，严控不合格原材料进入刷业市场，改善环卫刷产品供应链结构，整体提升环卫刷制品品质。

④ 注重刷业产品多样化发展。在横向多样化方面,刷业企业在生产现有产品的同时,可以生产一些与现有产品有紧密联系的产品。一方面可以从与现有产品在技术或制造过程上有联系的刷业产品着手,另一方面,可以发展与现有产品在销售市场上有紧密联系的刷业产品;在纵向多样化发展方面,刷业企业可以通过企业把它所需要的原材料、零部件或后续产品结合起来生产,按照发展方向不同,企业一方面可以通过原来只生产成品或半成品的企业,根据生产发展的需要,自己生产原材料或零部件;另一方面,根据市场需要和生产技术条件的可能,决定自己制造成品;在侧向多样化方面,企业可以通过跨本部门去生产与原产品相关性较小的产品,延伸刷业产业链,提高企业产品附加值。

6. 创造兴业环境,聚集优秀人才,促进人才落地生根

为解决刷业产业发展的人才瓶颈难题,可以通过构建人才服务平台,坚持内部提升和外部引进相结合的方式,积极做好人才培育工作。培育企业的中坚力量,及时根据源潭刷业企业的需求,与职业技术学院加强合作,定向培养企业所需要的专业技术人才;积极与省内外高校、科研院所加强合作,定期邀请知名专家前来开展相关培训;打造企业的"高精尖"力量,选拔企业优秀员工到同行业优秀企业访问与交流,并与国内外科研所及优秀企业加强交流与合作,定向培养高技术人才。建立校地合作专家工作站和青年教师实践基地,鼓励高校、科研院所相关专业专家、合作导师、兼职教授、讲席教授和优秀青年教师到小镇开展咨询、项目合作、科技研发、技术转移等工作。坚持产城融合发展,科学规划工业园区,完善园区基础设施,合理布局生产、生活、生态空间,统筹园区生产、办公、生活、商业等功能区规划建设,推进功能适度混合,引导工业园区加强与城区的功能对接,为吸纳人才提供良好的生活物质保障;在完善提升园区道路、绿化等基础设施配套的基础上,全面提升园区软实力,提高对各级政府优惠支持政策的运用水平,探索建立创业导师、中介服务、天使基金、创投基金等综合服务体系,完善园区孵化服务功能,建立大学生实习实践基地和创新实践基地,吸引省内各高等院校在我国各地刷业学习、见习、实习及自主创业,以为刷业产业发展储备后续人才。

7. 强化刷业行会重要作用,推进刷业行业自律建设

明确行业协会的管理职责、疏通管理渠道、更好地发挥行业协会的作用是促进刷业发展的制度保障,政府应站在战略高度,有效利用协会熟悉行业、贴近企业的优势,使其真正成为政府和企业的桥梁与纽带。要提高对行业协会的财政资金支持力度,加大政府职能转移力度和范围,对行业准入和重大项目审核充分听取协会意见,发挥协会独特作用,从政策上给予协会更有力的支持。行业协会主要通过以下方面加强其职能实现:在行业调控方面,要积极配合政府部门制定产业政策,编

制发展规划,提出相关建议;在行业信息化工作方面,行业协会可与有条件的企业联合,牵头组建行业信息中心,提高本行业信息化和工业化"两化融合"的水平;在行业自律机制建设方面,要加快建立健全行规行约,强化行业内部安全监督和制约机制,建立监督部门,引导企业依法生产;在解决企业人才短缺方面,要积极牵头,与相关政府部门及高校联合组建长期稳定的行业培训中心,为企业提供培训服务及产品的宣传推广。

8. 改变刷业良莠不齐局面,加快刷业产业标准化建设

制定出台刷业行业标准,将行业发展推向规范专业化的发展轨道,摆脱鱼龙混杂、良莠不齐的发展局面,提升行业整体竞争力。推进相关认证工作,不断提升企业的服务标准及员工素质,提升企业品牌影响力和美誉度,引导刷制品需求者根据公示的企业认证等级,选择优秀的企业进行交易,以保护需求者切身权益。分阶段推进刷业行业标准制定工作。第一阶段制定刷业团体标准,使之在规范市场竞争秩序、支撑产业发展中发挥积极作用,成为现有标准体系的有益补充。坚持政府引导、社会团体主导、技术组织支撑的管理方式,建立健全激励机制,鼓励企业参与制定和采用团体标准,采用适当的方式约束不正当竞争行为。坚持把刷业行会作为组织制定刷业团体标准的核心力量和责任主体,积极发挥组织、督促和指导作用。充分利用高等院校、科研院所与检测认证机构在试验设备、检测资源、行业信息收集等方面的优势,共同参与团体标准的制定工作,以确保制定出技术指标先进、操作性强的团体标准。督促刷制品质量监督检验中心严格按照法律法规及强制性标准的要求,把好团体标准的质量关,为企业提供技术标准咨询服务。第二阶段积极申报刷业行业标准。在制定出刷业团体标准的基础上,利用中国刷业的区域品牌,鼓励刷业行会积极向国家标准化管理委员会申报刷业行业标准,力争引领整个行业的发展方向,在全国的刷业产业发展中抢占主导地位。

9. 加快刷业知识产权保护,实现产品差异化

由于制刷产业属于传统的劳动密集型行业,进入门槛低、技术简单、投资小、产品易于模仿,导致刷业同种产品差异性很小,刷业内无序恶性竞争,相互拆台等内耗现象普遍存在,一些企业为了应对激烈的市场竞争不得以实行低价策略。因此,加快刷业知识产权保护,实行产品的差异化,提高产品档次和产品附加价值,是制刷企业避免陷于同质化过度竞争的有效方法。从专利申请上看,通过相关检索发现,近十年申报的环卫刷相关专利仅6篇,工业刷相关专利32篇,其中大部分专利均已失效;化妆刷近五年相关专利(剔除无效以及同质化严重专利后)共计176篇。虽然每年专利申报数量较多,但同质化严重,而且"偏科"厉害,专利多以外观设计为主。这需要不断加强自主创新能力建设,从而在企业核心竞争力上实现突破。

增加产品品种规格,增强产品的功能,提高产品质量和技术含量,实施错位竞争和发展,对新产品新工艺积极进行专利申报。同时,积极推动刷业知识产权快速维权中心建设工作,积极探索知识产权维权保护新机制,发挥知识产权机制在传统块状经济产业改造升级中的推动作用,引导建立自主创新、公平竞争的市场经济新格局。

10. 强化生态环境保护,增强刷业绿色发展意识

加大企业绿色环保资金投入,推动刷业企业淘汰落后产能。企业社会责任是社会经济发展的产物,是指企业在创造利润、对股东承担法律责任的同时,还要承担对员工、消费者、社区和环境的责任。新时期刷业企业的发展必须以承担起社会责任为前提,增强社会责任意识,树立建立环境友好型企业的理念,将企业社会责任评价标准和认证体系作为检查企业社会责任履行情况依据,通过标准和体系的设定,从法律层面明确企业应当承担的社会责任,引导企业落实社会责任,并建立执行情况的长效机制,促进社会责任的落实。对于环境友好型先进典型刷业企业进行大力宣传并推广,从而树立企业良好的社会及国际形象,提升企业核心竞争力,为刷业企业健康发展营造良好的环境。

下篇 实践篇

源潭刷业小镇产业发展规划
（2019—2030）

第十章 前　　言

一、规划背景

刷业是与工业生产和人民生活关系十分密切的产业,也是推动现代工业实现高质量发展的重要支撑产业。潜山市源潭镇刷业产业起源于20世纪70年代,自20世纪80年代以来获得快速发展,现已成为当地的支柱产业之一。2017年,源潭刷业小镇被列为安徽省首批"省级特色小镇",2019年3月源潭镇被授予"中国刷业之都"称号。

为加快推进源潭刷业小镇建设,根据潜山市委市政府的指引和源潭镇党委政府的部署,立足源潭刷业小镇实际情况,经广泛调查研究、多方考察论证,深入分析刷业的宏观经济政策及今后发展方向和路径等,特编制潜山市《源潭刷业小镇产业发展规划》,规划期为2019—2030年。

二、规划依据

① 中华人民共和国《国民经济和社会发展第十三个五年规划纲要》,2016年3月。

② 住建部、国家发展改革委、财政部《关于开展特色小镇培育工作的通知》,2016年7月。

③ 住建部《关于做好2016年特色小镇推荐工作的通知》,2016年8月。

④ 国家发展改革委《关于加快美丽特色小(城)镇建设的指导意见》,2016年10月。

⑤ 住建部、中国农业发展银行《关于推进政策性金融支持小城镇建设的通知》,2016年10月。

⑥ 住建部、国家开发银行《关于推进开发性金融支持小城镇建设的通知》,2017年1月。

⑦ 国家发展改革委、国土资源部、环境保护部、住房和城乡建设部《关于规范推进特色小镇和特色小城镇建设的若干意见》,2017年12月。

⑧ 国家发展改革委办公厅《关于建立特色小镇和特色小城镇高质量发展机制的通知》,2018年8月。

⑨ 安徽省政府《安徽省新型城镇化发展规划(2016—2025年)》,2017年7月。

⑩ 安徽省政府《安徽省人民政府关于加快推进特色小镇建设的意见》,2017年7月。

⑪ 安庆市政府《安庆市城市总体规划(2010—2030年)》,2017年10月。

⑫ 潜山县政府《潜山县城市总体规划(2010—2030年)》,2011年1月。

⑬ 源潭镇政府《源潭城镇总体规划(2015—2030年)》,2017年3月。

三、规划范围

1. 区域范围

依据《安徽省人民政府关于加快推进特色小镇建设的意见》和《源潭城镇总体规划(2015—2030年)》,本规划范围为潜山市源潭刷业小镇实际占地范围,总体规划9.6平方千米,建成区4.5平方千米,其中特色小镇规划区3.08平方千米,建设面积1.02平方千米,四至范围:东至环镇东路、西至环镇西路、南至环镇南路北侧、北至鲁坦河。

2. 产业范畴

重点对刷业生产产业、刷业商贸服务业等产业发展进行规划,同时兼顾其他产业的协调发展。

第十一章 现实基础与面临形势

一、源潭刷业发展现状

1. 源潭社会经济情况

源潭刷业小镇位于源潭镇中心城区。源潭镇总面积162平方千米,辖13个行政村、5个居委会,人口8.8万人。该镇位于国家级风景名胜区天柱山东北麓,地处桐城、怀宁、潜山三县(市)交界,209省道和105国道在境内交汇,距合九铁路安庆西站、天柱山站及沪渝、济广高速公路入口均在20千米左右,距合肥、九江也仅100分钟车程,距水路长江码头和空运天柱山机场仅约50千米。便捷的区位优势为源潭镇蓬勃发展奠定了坚实的基础。源潭镇属"全国重点镇",且先后荣获"全国文明村镇""省市综合改革试点镇""安徽省扩权强镇试点镇""安徽省村镇建设十佳镇""安徽省新型工业化产业示范基地""安徽省产业集群专业镇""中国刷业基地""国家建制镇示范试点镇""中国刷业之都"等称号。近年来,源潭镇综合实力显著增强。全镇地区生产总值由2011年末的15亿元,增加到2017年末的28.2亿元;国地税收入由4140万元,突破到亿元。2018年全镇工商注册企业和个体工商户5896家,从业人员超3万人,刷制品及相关联产业实现产值66.8亿元,占潜山市工业产值的比例超过30%。2011年1月,源潭经济开发区被省政府批准筹建省级开发区。开发区按照"立足刷业、发展刷业、突破刷业"的发展思路,致力打造刷制品特色产业园区,集原材料生产、加工、研发、销售、信息、物流、培训于一体。

2. 源潭刷业发展历程

源潭刷业起始于20世纪70年代,兴起于20世纪80年代,刷业发展历经五个发展阶段、形成四个飞跃,初步形成了以制刷业为主,以服装加工业、机械制造业、塑业等为辅的工业体系,现已处于集群发展的成长阶段。

(1)源潭刷业背包客阶段(20世纪70—80年代)

在20世纪70年代,潜山市原双峰乡(现为双峰居委会)的一些农户将生猪屠宰后留下的猪毛进行收集、加工,做成半成品猪鬃饼,或进一步加工做成油漆刷,由推销员带至四川、广东等地上门推销,成为源潭刷业的起源。当时民间把这种猪鬃加工和跑订单的方式称为"扦鬃"和"跑合同",把这些业务员,亲切地称为"背包客"。

这一时期生产的产品较为单一,主要以油漆刷为主,且生产方式落后,基本都是手工制作。

(2)源潭刷业办厂阶段(20世纪90年代)

20世纪90年代,走南闯北的"背包客"们发现工业刷利润更高,于是潜山市源潭镇"走南闯北"的第一批推销员了解并掌握了工业刷的应用及市场,纷纷返乡进行简单加工,由于工业刷的利润远大于油漆刷,一时间工业刷成为源潭制刷业的主流,制刷生产开始由单纯生产油漆刷转变为以生产工业刷为主、生产其他品种刷为辅的格局。这些工业刷生产者迅速致富,并带动亲戚朋友纷纷投资进行工业用刷的生产,逐步扩展到千家万户。企业数量急剧增加,特别是源潭双峰居委会一带曾呈现出"家家做毛刷、遍地是刷厂"的繁荣景象。刷制品销售市场也不再局限于四川和广东等地区,而是扩展到全国。在这一时期,虽然大部分企业仍然是家庭作坊式企业,但刷制品的生产方式已经由纯手工生产转变为半机械化生产,销售市场也由四川、广东珠三角地区扩展到全国,实现从单一生产油漆刷到生产工业用刷及综合刷制品的第一次飞跃。

(3)源潭刷业入园发展阶段(21世纪初期)

进入21世纪,面对发展的新要求,为进一步做大做强制刷产业,源潭镇党委、政府筹建源潭民营经济园区,引导企业入园,实施招商引资和激活内资"两轮驱动"战略。随着园区的扩模增容,2009年12月,特色产业园正式更名为安徽省潜山县源潭经济开发区。后经安徽省政府同意,潜山县源潭经济开发区升级为省级经济开发区,规划面积7平方千米,重点发展刷业、服装、塑料编织等产业。这一阶段实现了从家庭作坊式生产到园区规模集约化生产的第二次飞跃,园区企业基本实现机械化和自动化生产。

(4)中国刷业基地建设阶段(2009年至今)

2009年,中国轻工联合会授予源潭"中国刷业基地"称号,开启了源潭制刷业的第四个阶段,迎来了源潭制刷产业发展的第三次飞跃。围绕基地建设,企业、社会和政府多方协力,以品牌为荣,以创新为要,以环保为先,主动作为,联合协作,在工业刷和环卫刷等领域很快占领市场的制高点,形成了集原材料生产、刷产品加工、研发、销售、信息、物流等成熟的产业体系。2014年起我们在国内率先颁布了刷制品地方标准,这些地方标准目前仍是中国刷业的唯一标准;2016年我们建成国内唯一的省级刷制品质量监督检验中心;2017年,成立了全省唯一设在乡镇的省级行业商会——安徽省刷业商会,并成功获批全国首家以刷业为特色的特色小镇——安徽省源潭刷业特色小镇。"中国刷业基地"已作为响亮的刷业品牌蜚声国内外,据统计,其中源潭工业刷占国内市场份额70%,环卫刷占国内市场份额90%,民用刷占国内市场份额的30%。源潭因此成为工业刷、民用刷、环卫刷等多类型刷产品的头号国字牌刷业生产基地。

2019年,"中国刷业之都"正式获批,源潭迈进"刷都"时代,迎来产业发展的第四次飞跃,全镇刷业产值达到66.8亿元,同比增长20%;"源潭制刷"区域品牌价值评估达35.22亿元,成为安庆市最有价值的品牌之一。

3. 源潭刷业发展成效

近年来,通过实施科技创新工程、加快企业技术创新、推广应用高新技术、改造生产设备、提升技术水平等一系列措施,源潭镇制刷产业获得了长足的发展,并逐步形成了独特的技术优势和产业特点。

(1)制刷产业发展迅速,产业体系相对完整成熟

制刷产业规模不断壮大,企业聚集度较高,2017年全镇工商登记注册制刷企业3535家,一般纳税人企业352家,规模以上企业49家,从业人员2万余人,年产值超过60亿元。源潭经济开发区入区企业112家,其中制刷企业97家。刷制品市场占有率高,产品用途、销售范围广泛,镇域企业所生产的工业用刷占全国市场80%以上份额,环卫刷占全国市场90%的份额,刷类产品销售市场遍及30多个省市以及东南亚、欧美、中东近20个国家和地区。制刷产业链完整,产业体系相对成熟,制刷业已形成集刷制品原材料生产、加工、研发、销售、信息、物流、培训等于一体的基本完整的产业链体系,带动胶辊、抛光材料、机电配件生产加工、金融、物流、电子商务等多种产业发展,成为推动源潭经济和社会发展的重要引擎。

(2)产业集群优势突出,品牌建设成效显著

生产方式从家庭作坊生产顺利转变到园区规模化、集约化、机械化生产,生产能力大幅提升。产业集聚效应日益显现,培养了一大批优秀的刷业从业人员。有效推动了刷业行业整体的有序发展,并形成了地域品牌效应,刷业产业集聚区已成为潜山县最具特色的区域板块经济。围绕制刷衍生出了胶辊、抛光材料、机电配件加工生产等行业,带动金融、电子商务、网络、物流、房地产、餐饮等相关配套产业的发展。获批"安徽省源潭刷业商标品牌基地"和"中国刷业之都",刷业产业的品牌意识大幅提升。开发区内企业发展亮点纷呈,环美刷业在引进德国进口设备的基础上,投资200多万元改造生产设备,配备机器臂,使产品质量达到国际先进水平;欣雨环卫投资500多万元购置全自动注塑机,实现了产品从研发、设计、定型、生产的全部流程的自主知识产权;"天瑞""宇宙"等公司引进德国等国际先进机床设备数十台,拥有了刷丝自产能力。截至目前,源潭制刷产业共拥有100余件注册商标,拥有"农乐""福达制品""维路洁"等3件安徽省著名商标,"福达制品""洁神""日通"等3件安庆市知名商标。

(3)企业机制较灵活,产业结构升级优化

源潭镇早在20世纪80年代已开始发展民营经济,形成了一批产权清晰、责权

明确的民营企业。在生产经营过程中,政府只加以引导而不施以干预。90年代源潭镇进一步深化改革,把镇属集体企业全部改制为民营企业,使经济主体符合先进生产力的发展要求。由于企业运营机制较为灵活,企业已经成为自主经营、自负盈亏、自主发展、自主约束的市场主体和竞争主体,企业发展活力不断增强,内部管理效率不断提高,产业专业化生产体系逐步完善。与此同时,制刷业从最初的数量扩张和价格比拼的竞争,逐步转向质量型、差异化的竞争,积极开展研发创新,不断优化产业结构,推动产业集群提高竞争力,产品种类不断丰富,由单一型产品转变为多品牌、多用途的复合型产品,由粗放式产品转变为含有较高科技含量的产品,由家庭作坊式手工业生产跃升为机械化、半自动化规模生产。注重产学研合作对接,坚持人才建设与科技创新先行,奖励企业吸收大专以上毕业生就业,与县职教中心联手培养熟练技术工人;加强与合肥工业大学、安徽大学、安庆职业技术学院等高校和科研院所的产学研合作对接,积极引进与培养中高级人才,先后成立了机械研发中心和化工研发中心,集聚各类中高级人才达500余人。在轻工业整体行业不太景气的背景下,刷类及清洁用具行业总产值继续保持逐年递增的态势,产业优化升级初显成效。

(4)政策支持力度大,服务平台建设较完善

加大基础设施投入,2015年一年开发区就上马20个基础设施项目,累计完成投资6000万元。发挥财政性资金的扶持与引导作用,出台扶持企业品牌创新与技改扩模的措施,发放产业奖扶资金,发挥财政性奖励资金"四两拨千金"效应,引导企业实现从"模仿式生产与杂牌军加工"转变为自我创新主导下的品牌化生产。2016年,兑现企业奖补资金170万元。同时,为创建省级、国家级名牌的企业提供财政贴息与担保,支持符合条件的企业挂牌上市。搭建企业发展平台,积极引导企业不断向开发区集聚,积极对接省产业集群专业镇专项贷款政策;为加强银企对接交流,创建由镇政府控股的"潜源融资担保公司",积极搭建银企融资平台,有效缓解了制刷企业流动资金短缺的困难。建立了领导联系包干重点企业责任制,为企业发展尽可能地提供便利服务。适时筹建电子商务平台,从上门推销转为网络购销,10多家快递业主落户镇区。组织当地企业参加各类展会、产品交易会,赴欧洲、俄罗斯、东南亚等国家和地区洽谈贸易和参观考察,切实拓宽贸易渠道。相继与多所高校开展产学研战略协作,鼓励企业与高等院校联办培训基地,加强技术人才的建设,提升产学研水平。

二、源潭刷业面临形势

当前,源潭刷业小镇面临国家中长期政策调整,宏观与区域政策密集利好,而

且面临"潜山改县立市"的大好机遇,应抓住当前发展新机遇,积极面对新挑战,促进源潭刷业小镇建设取得更大的成效。

1. 政策机遇千载难逢

(1) 国家宏观政策的长期利好

当前,国家层面正在大力推进长江经济带一体化发展,积极实施"中部崛起"战略、革命老区振兴计划和长三角区域一体化国家战略等,这使得包括源潭镇在内的许多地区能够获得更多的政策倾斜,发展环境大为改善。岳武高速东延线、安九高铁动工建设,拓展了源潭镇的发展空间。"一带一路"发展倡议的实施,密切了两岸四地交流合作,推动制刷业深度融入全球刷业产业链、价值链、物流链,参与国际生产要素资源配置,为我国刷业"走出去"带来了新机遇。此外,在经济新常态下中小企业和民营经济焕发出发展新姿态,习近平同志在党的十九大报告中,就鼓励支持民营经济发展并做出许多新的重大论述,为我国民营经济持续健康发展指明了方向,标志着我国民营经济将迎来新的历史机遇、进入新的发展阶段。国务院提出"放管服"改革政策,为中小企业发展带来直接利好,这些政策为源潭刷业小镇建设,促进刷业企业扩大投资,带来又一次巨大政策机遇。源潭刷业小镇95%以上的企业是民营中小企业,在中央政府各种利好政策的推动下,源潭小镇刷业经济必将迎来较快的发展。

(2) 地方政策的精准支持

源潭小镇刷业发展受到安徽省、安庆市、潜山市各级政府的高度重视和大力支持。作为全国重点镇和全省小城镇综合改革试点镇——源潭镇拥有一个省级开发区,能够获取各级政府各项优惠政策的支持。这为源潭刷业小镇发展创造了良好的外部条件。皖江城市带新格局的划分,以及省级层面承接产业转移、扶持中小企业发展的优惠政策,也为源潭刷业小镇的发展带来重大利好。此外,经各市推荐和答辩评审,省经信委于2018年1月确立源潭镇为全省智慧集群建设试点镇之一,基础设施的建设和相关政策的倾斜将进一步带动制刷产业的发展。

(3) "改县立市"的政策红利

潜山市经过多年努力成功实现"改县立市",为源潭镇发展打开了发展空间,各种政策直接被引入源潭镇。源潭镇作为潜山市重点镇,以刷业小镇建设为突破口,带动刷业相关产业加速发展。刷业产业经过家族作坊的工厂、低水平的工业化乡镇企业、工业产业规模化的产业集群等发展阶段后现已进入新的发展阶段,源潭镇正成为融生活、生产于一体的新型小城镇。在此基础上,源潭镇更方便抢抓政策机遇,加快与长三角地区对接,承接产业、资本、技术的转移,也更有利于推进源潭刷业小镇建设,全力打造百亿刷业小镇,刷亮源潭刷业小镇这块金字招牌。

(4) 刷业地区品牌红利

2009年,源潭被中国轻工日杂品协会正式冠名"中国刷业基地"。2017年"源潭刷业小镇"被评为安徽省第一批省级特色小镇。2019年3月21日,中国轻工业联合会、中华全国手工业合作总社在广西南宁召开的中轻联四届五次、总社七届九次理事会上,"中国刷业之都"正式授牌潜山市源潭镇。源潭制刷业基础深厚,一批具有较强竞争力的龙头企业和骨干企业在国内和国际市场占有率上不断攀升,步入了快速发展轨道,实现了经济规模和效益的稳定持续增长,源潭制刷区域品牌价值评估达35.22亿元,成为安庆市最有价值的品牌之一。

2. 竞争环境瞬息万变

(1) 经济增速放缓,竞争烈度加剧

宏观经济环境发生重大变化,我国已经从快速增长转变为中高速增长,单纯量的扩张已不再适应经济发展需要,亟须注重质的提升。我国经济发展进入新常态,经济扩张期已渐行渐远,制刷产业亦在放缓的经济增速中步入了周期性的结构调整期。源潭制刷业虽然近几年发展较快,但是总量依然偏小,企业规模小且散,经济增速持续放缓一定程度上影响到源潭镇制刷产业的发展势头。一方面,大批的中小企业缺乏抗风险能力,另一方面,对于核心竞争力并不明确、以价格竞争为主要竞争手段、以量取胜的源潭制刷企业来说,要实现持续的利润增长将越来越具有挑战性。随着经济水平的提高及需求市场的多元转变,市场的消费点及竞争优势也早已在潜移默化中改变,源潭制刷业亟待适应新常态,注重将质量、技术、品牌作为立足于现代化市场"战斗武器"。

(2) 竞争水平逐步提高,竞争日趋激烈

竞争对象发生重大变化,由以往的与乡镇企业、省内企业竞争,转变到与国内领先企业、国外企业竞争。源潭镇刷业产业的整体竞争水平在提升、竞争格局在提升、竞争难度在增大,竞争在产品、市场、企业多方位展开。首先,随着区域经济一体化的推进,城市间、产业间对资金、人才等发展要素和市场空间的争夺逐步加剧,与源潭镇临近的乡镇企业发展迅速,也将会影响源潭的发展空间。其次,区域间制刷产业竞争强度大。以工业制刷市场为例,创新思维强、需求量大的广东在服务、品牌、管理、产品质量方面仍处于领先地位;物流发达、善于发掘市场的江浙地区市场需求量大,本地及周边的劳动力成本低;以源潭镇为代表的安徽制刷业虽然历史沉淀深厚,基础牢固,劳动力成本低,价格优势明显,但在招商引资、人才储备方面处于劣势,高端制刷产业更多聚集在广东和江浙地区。最后,由于源潭制刷企业规模偏小,源潭制刷行业内部恶性竞争和不正当竞争现象突出导致集群内部竞争不规范,以成本竞争为主,在品牌、质量、资金、管理等方面竞争不足,致使行业长期徘徊在世界毛刷产业的低端。源潭制刷行业多以中小企业为主,短时间内难以与规模以上企业、沿海资金密集型企业竞争,需要充分发挥产业集群的比较优势,促进多家小型工厂互相供货,共同完成订单,利用产业带所特有的专业化分工与相互协作功能,提升本土行业自身的竞争力,力争在国内市场中占据一席之地。

(3) 廉价人工成本优势不复存在

目前,中国正处在城镇化进程快速发展阶段,且很多行业还处于劳动力密集型,以技术和资本密集型的行业还处在初级阶段,劳动力密集型行业比重较高,对劳动力数量的需求不断增大。但是,随着中国进入老龄化社会,适龄劳动人民口数量规模逐渐减小,尤其是劳动力绝对数量正在下降。因此,从整个劳动力市场来看,已经出现一定程度上的劳动力供给短缺。

源潭刷业是典型的劳动密集型行业,刷业从业者主要分为三种类型:管理人员、技术人员和普通工人,在生产过程中,这些人员都是必不可少的,但存在相应的比例关系,其中,普通工人所占比例最大。受全国整体用工短缺形势的影响,刷业也不可避免地会遭遇招工难,尤其是以缺乏技术工人与劳力工人为主要特征的"结构性短缺"。虽然劳动力会在产业间进行转移,但是转移会受到国家政策、经济发展等多种因素影响,刷业行业廉价劳动力的主要来源是农民,随着近几年国家惠农、土地、扶贫旅游政策的推广,农民想要改善生活有了更多的选择,可以选择回乡种地、进入服务业,刷业行业对劳动力的吸引力不足。想要吸引这部分劳动力继续从事刷业,将需要更好的福利待遇才有吸引力。因此,刷业企业为争夺劳动力必然会提高工资待遇,从而增加了人工成本。

3. 产业转型升级刻不容缓

(1) "互联网+"模式推进产业转型升级与融合创新

"互联网+"带来产业发展理念、思维、方法的重大变革,产业组织、生产方式、销售方式也在不断革新,源潭镇刷业产业发展也因此受到较大的冲击。源潭刷业小镇的企业开通网上店铺,直接面向国内与国外客户,以后也将引入物联网设备,实现智能化生产,创建"智能刷业"。互联网正在重塑传统刷业,推动信息通信技术与传统产业的全面融合。在广度上,"互联网+"正在以信息通信业为基点全面应用到第三产业,并正在向第一和第二产业渗透,这将全面推动传统工业生产方式的转变。在深度上,"互联网+"正在从信息传输逐渐渗透到销售、运营和制造等多个产业链环节,并将互联网进一步延伸,促进产业链的开放融合,将工业时代无差别的规模生产模式转向满足个性化需求的新型生产模式。同时,互联网将促进产业生态共赢与创业创新。互联网带来了新产品、新模式与新业态,促进了大众创业、万众创新,形成了互利共生的创新生态系统。在新一代信息技术的加速发展及呈现出的融合、智能、跨界趋势下,源潭镇应抢抓发展机遇,借助移动互联网创新并挑战传统模式,努力打造一个完整的生态链条,积极开发刷制品电子商务、刷制品移动支付、刷制品数字消费等符合时代特征的新生事物;找准移动互联网刷制品时代的新兴领域。

(2) 产业结构优化快速推进

源潭刷业产业虽然基础深厚、发展迅速,但产品的核心技术仍然掌握在国内外竞争者手中,缺少高技术、高附加值的产品,低水平和普通产品生产能力相对过剩。工业刷制品大多也只是应用在国产机床上,达不到发达国家的精密度和耐磨度要求。目前,全球制造业重心正在向我国转移,在为我国刷业行业提供强大动力的同时,也对我国刷业行业提出了更高的要求——实现刷制品生产的高端化。如何发展高附加值产品,实现"精、专、强",从而创造新的增长点,也是源潭制刷产业发展所面临的重大挑战。

首先,我国的基础设施正在逐步地完善、走向正轨,将会大大激发工业刷制品的市场需求。其次,电子商务的合理运用将工业刷制品推向更为广泛的应用领域。再次,城镇化建设催生了家居市场渠道扩张,刷业企业迎来发展新机遇。从刷制品价格和质量层面考虑,城镇化能拉动居民整体收入水平的提升,并缩小城乡差距。最后,随着国家产业政策的调整,除汽车、电子、家电等传统制造业外,航空航天、新能源、IT、医疗机械、高速铁路等行业对制刷行业提出了更高的要求,同时也为制刷行业提供了新的市场机遇,从而在更广泛的领域得到了快速发展。如医疗器械行业对刷制品具有极强的依托性,具有传感等功能的精密、超精密刷制品也是未来新兴刷产品的发展方向。

(3) 生态环保压力巨大

党的十八大以来,党中央高度重视生态文明建设和环境保护工作,有关环境的保护和发展逐渐受到高度的重视,使得环境的保护法规日趋严格、人类也意识到环境保护的重要性。因此,现在的企业经营也不能跳脱对环保的重视。然而,环保压力与企业的营运活动密切相关。这样,刷业企业必须将环保压力与企业的整体策略结合,不再是自然环境为外部的影响,公众的环保意识也逐渐增强,公众、媒体以及非政府组织对于刷业企业污染的舆论监督作用也越来越大,给超标甚至违法排放污染物的刷业企业造成较大的压力。

刷业企业应把"绿色化"视为本身的使命,增进自身环境可持续活动,不但能获得良好的环保绩效,更能发展成一种竞争优势。环保压力对企业的影响并非全然负面的压力与威胁,也可为企业带来许多正面的机会。故企业不应一味消极地躲避环保压力,而应视其为促使企业创造更多竞争优势及开拓更多新市场的机会。

三、源潭刷业发展存在的问题

源潭刷业小镇具有优良的社会环境、扎实的产业发展基础以及良好的产品生产能力,但也面临着严峻的发展困局。

1. 产业发展困局——聚而不强与不良竞争

虽然源潭制刷企业众多,乡村企业星罗棋布,但很多产品处在中低端水平,且易于仿制;同时企业分布多而小,"小而散、小而弱"问题明显,产业结构松散,没有形成具有较大竞争力的企业。小企业普遍存在拓展资金渠道缺乏、业务范围窄、市场动向把握能力不足,市场营销意识弱化等问题,同时又面临着外部市场萎缩、自身产品单一、内部恶性竞争和不正当竞争现象突出,以及品牌、质量、资金、管理等层面竞争不足等问题。

2. 市场发展困局——前进的方向与动力不明晰

由于工业制刷技术难度不高,产品参数性能比较单一,造成行业门槛较低,导致其他行业许多企业主趁机参与到当地鱼龙混杂的制刷大潮中,在实际商业竞争中,采取截人客户、出卖企业商业信息、低于成本价开拓市场等恶性竞争手段,扰乱了当地尚不成熟的刷业市场。此外,当地工厂间合作共赢意识较差,相互之间只单一地存在竞争关系。同时存在小富即安的心态,很多企业在长期的发展中累积了一定的资本,但是却没有继续扩张的欲望和行为。市场开拓意识不强,主要依靠前期合作过的大客户维护市场。此外,还有部分企业的产品质量得不到保证。

3. 企业发展困局——家族化问题较为明显

源潭镇刷业产业近40年的发展历程,孕育了许多家族式企业,这是源潭刷业发展的根基,但也是制约源潭刷业进一步发展的阻碍。源潭中小企业主要以民营性质为主,大部分民营中小企业是借助家族力量发展起来的,家族企业的优点,使得它几乎成为中小型企业初创期进行资本原始积累的唯一选择,并在中小型企业度过艰难的创业期时起到了关键性作用。但当企业完成了资本的原始积累、开始发展壮大后,依然过分依赖于传统家族制度整合资源,就很可能严重束缚企业的进一步发展。

4. 产业服务困局——创新支撑与服务链支持缺乏

源潭刷制品工业刷占有较大优势,但目前生产工业刷所需的精密设备均来自德国、瑞典等制造业强国,并且由于达不到发达国家的精密度和耐磨度要求,工业刷制品大多只应用在国产机床上,几乎没有境外市场。这反映出本土企业不掌握核心技术,自主研发和创新能力亟待提升。究其原因主要是:一是受地域条件的限制,地处乡镇的企业难以留到人才;二是民营企业经济综合实力偏弱,在技改或研发方面的投入严重不足,不利于民营企业增加技术储备,从而影响了企业产品的升级换代;三是因创新需要较高的投入且存在一定的风险,部分企业缺乏创新意识和冒险意愿,倾向于保持传统的生产工艺或简单地模仿他人产品。

源潭的制刷产业虽已形成了比较完整的产业链条和较为合理的分工格局,但配套和辅助产业的发展还不够充分。比如源潭镇的物流业发展相对滞后,而产品市场主要在省外,因此迫切需要建设大型物流企业,为刷业发展提供运输服务支撑。另外,市场化的人才、培训、法律、会计、外贸、咨询等机构或企业尚未发展起来,导致企业不能把非核心业务剥离、外包出去,既浪费了资源和精力,又提高了管理成本。

5. 行业管理困境——企业组织化与产业规范化不足

源潭镇刷业产业在产业化水平不断提升的过程中面临新的困境,产业在实现规模化后需要实现规范化发展,但目前源潭刷业小镇在产业规划方面明显不足,生产组织的标准化和流程化也亟待进一步提高。源潭镇工业刷制品领域细分精细、品种完善,并在原材料生产设备、刷丝设备、刷盘设备、生产设备方面拥有一定自主研发的成果,机械化水平较高,也形成了较为完备的流水线生产格局,但仍存在较多的手工操作的生产环节,机械化水平仍有较大的提升空间。

6. 要素约束困局——资金与人才相对欠缺

制刷产业集群企业面临较大的融资困难,据市场初步调查统计,目前源潭镇企业流动资金的缺口在10亿元左右;中长期固定资产投资、融资渠道少,依靠企业自身"滚雪球"式发展,难以满足企业快速健康发展的需要。近年来,虽然政府积极协调银行给予贷款支持,但众多中小型企业发展面临的资金缺口仍难以有效解决,迫切需要更大力度的资金支持。

部分企业缺少专业人才,尤其是专业的工业设计人才。在当地,很多从业人员只有中专或高中学历,相关的专业技能主要从父辈继承而来,市场营销主要依靠上门推销、卖人情等传统手段,缺乏现代化营销手段。同时,从业人员不具备产品的推陈出新意识和能力,对市场动向反应不敏锐,更不具备开展境外贸易的能力。

第十二章 总体思路

一、指导思想

坚持创新、协调、绿色、开放、共享发展理念,以"市场主体、创新驱动、可持续发展、突出重点、融合发展"原则,统筹"规划管理、产业布局、城乡建设、公共服务"四大板块,以创新为引导,以源潭刷业产业园发展为基础,以制刷产业集群为载体,以骨干企业为龙头,以制刷机械和原材料为两翼,以发展生产性服务业为保障,做大做强环卫刷、工业刷,做精做细民用刷,提升刷业产业化水平,提高刷制品附加值和技术含量,不断延伸产业链,擦亮"中国刷业之都:源潭刷业品牌",努力建设"世界刷业小镇",让源潭制刷业有更加美好的未来。

二、主要原则

1. 坚持市场主体

充分发挥市场在资源配置中的决定性作用,以区域特色及生态环境吸引创新资源,注重产业的自身发展规律,激发市场活力,依靠市场的力量推进技术创新、组织创新、制度创新、产品创新,注重引入竞争机制,实现优胜劣汰。注重发挥刷业市场的调节作用,引导企业合理布局生产线。注重发挥扶持政策的引导作用,积极引导资本、技术、人才、土地、能源等生产要素优化配置。注重扶优扶强,发展壮大骨干企业,推动产业有序发展,促进内、外资以及大中小不同规模企业间的协调发展。

2. 坚持创新驱动

进一步加强机制创新、管理创新、观念创新、技术创新、市场创新,增强产业发展的内在动力和活力,规范政府、企业和市场的关系,形成以市场为导向、以企业为主体和产学研结合的创新体系和运行机制,健全自主创新与引进消化吸收再创新相结合的创新机制。通过合资合作、引资引智等措施加大企业技术改造力度,全面提高装备水平,切实优化工艺结构和产品结构。

3. 坚持可持续发展

抓住未来发展的主题,促进产业发展可持续、材料使用可持续、市场发展可持续、企业竞争可持续、资源利用可持续。坚持经济和社会、资源、环境的协调发展,走科技含量高、经济效益好、资源消耗低、环境污染少、人力资源优势得到充分发挥的产业发展道路。引导和促进产业集群实行循环经济发展模式,注重环境保护、资源节约和综合利用。推广应用清洁生产工艺技术,调整产品结构、技术结构和企业组织结构,推进高能耗、高物耗、高污染企业的有序退出,加大环境治理力度。

4. 坚持突出重点

突出行业重点,大力发展工业刷制品产业。突出工作重点,紧抓重点企业、重点项目、重点投资。注重发挥重点企业的带动作用,促进重点投资和重点项目建设。提高招商引资的针对性,紧扣刷业及相关产业发展,做大产业规模,提升产业发展质量,支持重点企业兼并重组。通过政策扶持,完善公共服务体系,增强中小企业应对风险能力,保持就业稳定。

5. 坚持融合发展

引导产业向产业带集聚,促进一、二、三产融合发展。将刷业产业布局放在全市、全省乃至全国、全球的更大视野中考虑,实现区域内和区域之间的互动衔接、整体融合和错位发展。密切关注环卫、保卫、物业管理、塑料制品加工、保洁工具、转运设备等下游产业发展动态,精准掌握下游产业的最新需求,提升刷业产品的市场认可度,提高上下游产业间的融合度。

三、发展目标

1. 总体目标

围绕建设"世界刷业小镇"总目标,充分利用创新驱动,积极打造刷业企业孵化基地、刷业设计创新基地、高端刷业制造基地、刷业市场交易中心,擦亮"中国刷业之都"这块金字招牌,实现产业转型升级。依托镇域内资源优势,立足资源和环境承载力,合理确定产业发展的空间布局,实现人口、经济、资源、环境和社会全面协调可持续发展。

一是培育一批龙头企业。一批具有较强竞争力的龙头企业和骨干企业在小镇内发展壮大,部分刷制品荣获中国名牌、世界品牌。一批有条件的企业实现上市融资。全产业各类企业实现协调发展,大中小企业的各自优势得到充分发挥。

二是刷业科技水平快速提升。高素质行业人才大量聚集,与省内外科研院所的交流合作机制进一步健全,刷业科技含量进一步提升。刷业产业结构持续优化,在质量、技术和品牌上的竞争力切实提高,刷业产品质量可靠性、市场占有率和龙头企业竞争力进一步提升。

三是刷业行业标准日益健全。力争获批建设国家级刷制品质量监督检验中心,领衔制定刷业行业标准、国家标准,大量行业专业机构在小镇内落户,业界影响力快速提升。

四是小镇文化建设成效凸显。培育刷业文化载体,打造"人人讲刷,人人用刷,处处见刷,形象表刷"的格局,形成皖西南特色的刷子文化表达。注重发掘当地优秀文化资源,提炼蕴含其中的精神和价值,彰显独具魅力的小镇文化内涵。

五是小镇品位大幅提升。强化小镇特色风貌建设,优化集镇布局,加快推进镇区风貌统一及主街道综合整治和改造,实现"美化、硬化、亮化、绿化、净化"。依托"源潭古驿站""刷业工匠精神""名人佳作"等旅游资源,积极推进刷业旅游建设,一批极具特色的旅游项目建成运营。

2. 阶段性目标

规划期限为2019—2030年,近期为2019—2021年,中期为2022—2025年,远期为2026—2030年。为全面完成刷业小镇产业发展总体目标,在时间上进行合理规划,明确制定各阶段的工作任务和发展目标,科学引导源潭刷业小镇持续均衡发展。阶段性目标如下:

（1）近期目标

从2019年至2021年,紧紧抓住信息化浪潮、东向发展战略等发展机遇,积极承接产业转移,全力推进产业园建设和刷业产业发展。预计到2021年,刷业小镇生产总值超过120亿元;刷业产值、工业增加值均突破100亿元,对全镇GDP的贡献率达到85%;具备上市挂牌资格企业2家左右,力争实现上市企业1家,新增规模以上制刷企业10家。到2021年,完成刷业小镇产业园建设,吸引3—5家国内大型知名企业来刷业小镇投资建设,引进智能化制刷生产线1—2条,打造国内知名刷业品牌2—3个。形成较为完善的制刷产业体系,技术创新能力和国际竞争能力明显增强,产品性能和质量达到国际同类水平。"省级刷业特色小镇"顺利通过期满考核。

（2）中期目标

到2025年,把"源潭刷业小镇建成潜山市刷业重点区",进一步打造"中国刷业之都",继续加快扶持和培育一批要引导和培育的龙头企业,努力形成以龙头企业为引领,以骨干企业为支撑,以小微企业为补充的刷业发展产业集群。

预计到2025年,小镇生产总值超过180亿元;刷业产值、工业增加值均突破150亿元,对全镇GDP的贡献率达到90%;上市挂牌企业2家左右,新增规模以上制刷企业25家。培育1家以上具有国内竞争力的龙头企业。刷业市场占有率进一步提高。建成"国家级刷业生产基地"和国内主要的环保产品生产基地,全面建成国家级刷制品设计研究、生产质量检验中心,以及国内有显著影响力的"中国刷业之都"。

(3) 远期目标

到2030年,围绕建设"世界刷业小镇"总目标,擦亮"源潭刷业品牌",基本建成"支柱产业清晰、产业结构优化、区域融合度和服务能力大幅提升"的产业框架。

预计到2030年,小镇生产总值超过260亿元;刷业产值、工业增加值均突破220亿元,对全镇GDP的贡献率达到90%;上市挂牌企业3家左右,新增规模以上制刷企业40家。培育1家以上具有国际竞争力的龙头企业。继续保持国内刷业市场影响显著领先,国外有一定知名度的"世界刷业小镇"。

专栏四　源潭刷业小镇产业发展规划(2019—2030)主要指标

指标	单位	2021年	2025年	2030年	指标属性
(1) 地区生产总值	亿元	120	180	260	预期性
其中,刷业生产总值	亿元	100	150	220	预期性
(2) 服务业增加值占GDP比重	%	10	20	30	预期性
(3) 地方一般公共预算收入	亿元	1.5	3	5	预期性
(4) 新增固定资产投资	亿元	3	8	15	预期性
(5) 研究与试验发展经费支出占GDP比重	%	1	2.5	5	预期性
(6) 新增刷业省级以上品牌	个	10	25	40	预期性
(7) 新增规模刷业企业	个	10	25	40	预期性
(8) 力争实现上市刷业企业	个	1	2	3	预期性
(9) 新增就业人数	人	2000	5000	10000	预期性
(10) 城镇建成区面积	平方千米	1.02	3.08	7	预期性
(11) 小镇建成区绿化覆盖率	%	30	40	50	预期性
(12) 万元GDP用水量下降	%	完成国家下达目标			约束性
(13) 万元GDP能耗降低	吨标煤				约束性
(14) 主要污染物排放总量	吨				约束性
(15) 工业垃圾无害化处理率	%	100	100	100	约束性
(16) 生活垃圾无害化处理率	%	100	100	100	约束性
(17) 工业污水集中处理率	%	100	100	100	约束性
(18) 生活污水处理率	%	100	100	100	约束性

第十三章 空间布局

根据源潭刷业小镇现有产业基本特征,同时依据特色小镇"三生"融合的特点,坚持"主业鲜明、配套有序、新兴有形、产商一体"的产业布局原则,将源潭刷业小镇产业区划分为刷业产业集聚区、刷业配套产业集聚区、新兴产业集聚区三大功能区。三大功能区相互关联、互为补充,形成有地方特色的产业集聚区与刷业产业发展势头良好的特色小镇。在此基础上,将源潭刷业小镇按照功能区规划空间布局。

源潭刷业小镇空间布局总体概况为"一体两翼",即以源潭大道产业区为中心,形成以刷业为特色主导产业的产业集群;两侧向腹地延展,形成两翼,分别布设刷业产业配套区和新兴产业集聚区。以刷业大市场为依托,形成刷业商贸物流基地,对外打响"源潭刷业"的品牌,刷业大市场与小镇客厅遥相呼应,共同展示"刷业特色小镇"的风貌。因此,源潭刷业小镇不仅是刷制品生产小镇、刷制品流通商贸小镇,更是万千群众安居乐业的生活小镇。

一、刷业产业集聚区

源潭刷业产业集聚区是源潭刷业小镇的主导产业区,也是产业核心区和源潭刷业特色表达的集中区。刷业产业集聚区主要沿源潭大道布设,依据刷业特点,形成以刷业为核心的生产中心区,分别形成环卫刷生产区、工业刷生产区、民用刷生产区,注重刷业产业发展与升级,培育和引进规模以上刷业生产企业,形成智能制造特色鲜明、生产能力较强的现代化、自动化骨干企业集聚区,并形成产品特色鲜明的刷业分类。

二、刷业配套产业集聚区

刷业配套产业集聚区主要包含制刷机械及配套设备区、刷业原材料产业集聚区、刷业生产服务产业集聚区和刷业相关的第三产业服务产业集聚区。

制刷机械及配套设备区。源潭刷业小镇的发展离不开制刷机械及配套设备性能的提高,必须提升制刷机械及配套设备的生产能力。应在刷业配套产业集聚区中预留一部分土地,着力引进国内外有影响力的制刷机械及配套设备企业入驻该区,重点发展制刷及配套设备,主要应包括:制刷一条龙生产线、植毛一体机、钻孔机、钻孔植毛机、植毛机、剪毛磨毛机、剪毛磨毛打捆机、磨毛机、马钉机、马钉植毛机、剪毛机、拉边车木机、拉丝机、平毛机、修毛机、成形机、数控电脑系统、切毛工具及其他制刷相关生产技术与设备,有条件的大企业可以引进国外的全自动制刷器、机器臂。

刷业原材料产业集聚区。源潭刷制品所需的基础原料较为广泛,使用规模较大的主要有塑料拉丝、钢材、钢丝、金属板材加工,同时还有塑料加工,包括成型、压缩、抽丝等。在该区应布局相关企业,以形成较为完备的工业体系。

刷业生产服务产业集聚区。刷业生产服务主要为刷业商贸区、刷业流通区。在该区建设刷业大市场,并引入专业机构,负责刷业产品的市场运营。

刷业相关第三产业服务产业集聚区。在该区集聚为刷业企业服务的企业,包括物流公司、金融公司、销售公司、网络运营公司、市场推广公司、会计事务所、律师事务所等。

三、新兴产业集聚区

刷业小镇新兴产业集聚区主要培育刷业的相关延展产业,并向产业链上下游延伸,同时发挥源潭刷业小镇地域优势,借助天柱山风景区优越的自然资源条件,积极发展体育、休闲、旅游等产业。

发挥传统刷业优势,助力形成以制刷业关联产业为主导产业的新兴产业集聚区。将环卫刷、工业刷作为源潭刷业小镇的拳头产品的同时,培育环卫工具生产企业,生产环卫车、垃圾桶等配套产品,形成规模较大的塑料加工产业链,着力打造百亿生产基地。

扩大相关产业规模,发展体育、休闲、旅游等产业。做大做强做实轮滑旅游产业,以专业轮滑为依托,建设有源潭地域特色的体育旅游休闲产业,以运动为纽带,打造源潭新的休闲运动经济增长点。充分利用临近天柱山景区的区位优势,积极开发休闲旅游产品。大力引进轮滑、帆船等生产企业,进一步壮大体育产业规模。

第十四章 推动主导产业升级

通过产品研发、技术改造、智能制造等,不断提高产品质量、提升以刷业为主的地方传统产业,推进源潭刷业小镇建设成为百亿级产业小镇。

一、推动工业刷提质增效

源潭刷业小镇工业刷产业已初具规模,其市场份额大约占国内市场的70%,且工业刷企业具有一定产品开发能力,能够根据各类企业和科研院所需求,开发出满足个性化需求的产品。但小镇工业刷产业仍存在规模不足、研发人员缺乏、研发企业与生产企业混合运行、效率相对低下等问题。

随着生产自动化水平的不断提高,工业刷用途将更加广泛,前景更加广阔,但工艺要求、技术水平要求也将更加精细。源潭刷业小镇应在充分发挥技术工人优势的基础上,积极开发高精度设备自动维护刷、生产清洁高精度刷等产品,满足下游企业的个性化生产需求。着力提升工业刷工艺水平,提高工业刷制品附加值。同时,结合市场需求,加强与科研院所、高等院校的交流合作,大力研发工业刷高技术产品,不断发掘新的产品市场与新的产品契机,增强企业自主研发能力,依托刷业技术开发"高精尖"产品,生产出高尖端的刷丝,提高专利意识,增强源潭刷业核心技术竞争力,抢占工业刷的核心技术高地,促进工业刷整体水平迈上新的台阶,进一步扩大源潭刷业的行业影响力。

二、促进环卫刷提升品质

环卫刷是源潭刷业小镇的拳头产品,也是"现金流"产品,其市场份额大约占国内市场的90%。源潭环卫刷生产周期较长、生产企业众多,呈现出"村村有厂,户户生产"的景象。源潭镇环卫刷生产基础条件较好、配套齐全、产业链完善,从刷丝、辊、架、芯、支架等各种零配件,到生产车间、包装运输等各种生产性服务产品,都能够短时间内形成配套供应。但同时也存在生产规模小、同质性强、产品品质不高、市场竞争激烈等问题。针对上述问题,应通过市场化方式,引导环卫刷生产企业引进先进生产装备,提高企业生产技术和生产管理水平,改善生产流程设计,提高产品质量,推动企业向技术要发展、向管理要效益。同时,在环卫刷的零配件配备、工艺流程等生产组织中严把品质关,从源头上强化优质原料的使用,严控不合格原材料进入源潭市场,改善环卫刷产品供应链结构,整体提升源潭环卫刷制品品质。

三、引导民用刷转型升级

源潭刷业小镇民用刷起步最早、发展历史最长、生产品种最为广泛,其市场份额大约占国内市场的20%。但是小镇民用刷企业呈现出"点多、面散、规模小"的态势;手工作坊生产仍占主流,生产中大量依靠手工从事生产装配;产品品质与当前市场需求存在较大差距,中低端产品较多,高品质、高附加值产品较少。随着人们对美好生活的不断追求,国内外对民用刷制品的品质也相应提高了要求,不仅要"好用"、要"耐用",还要美观、使用舒适。因此,源潭刷业小镇民用刷制品亟待转型升级,应适度发展不同等级的产品,提高高端产品的比重。

一方面,大力引进国内外知名民用刷企业。依托扎实的刷业基础条件和产业集聚优势,抢抓东部地区产业转移机遇,积极吸引沿海大型民用刷企业特别是生活用刷企业来小镇投资建厂,通过发挥"鲶鱼效应",带动本土民用刷企业增强竞争力。

另一方面,大力发展生活用刷。生活用刷注重消费者终端体验,需求花样多、变化快、内容广泛、附加值高、利润率大、市场前景广阔,可以作为源潭刷业小镇未来的重点发展方向。小镇应重点引导企业加强产品分类研究,发挥特色产品市场优势,加强新产品研发,促进产品市场升级,适度扩大规模,促进企业多元发展优势产品。

第十五章　打造产业集群

小镇在推动刷业主导产业升级的同时,不断延伸刷业上下游产业,并引进与刷业相关的新兴产业,通过强强联合,中小企业整合,推动小镇刷业产业由块状经济、产业集聚向产业集群转变,促进源潭刷业小镇实现高质量发展。

一、提升上游产业

刷业的上游,除制刷机器设备外,还包括民用刷的辊体、轴、塑料柄等产品,工业刷的盘体、绒、棉、特种加工等,以及环卫刷的辊轴、辊体、盘体、拉丝、钢丝、棉、绒等。

目前,制刷机器设备是源潭刷业小镇的发展短板,应积极引进国内外知名制刷机器制造商在小镇投资建厂,弥补小镇刷业产业链短板,带领小镇刷业进一步发展壮大。

小镇的基础设施建设在同类地区处于领先地位,特别是污水处理厂的设立为刷制品的基础材料加工提供了良好的外在条件,可以保障足够的金属加工、电镀、印刷包装的生产需要。在刷业生产上游配套产业中,应着力发展金属件的精加工,扩大拉丝的产量,提高拉丝的品质。提升专业化水平,在基础原材料供应上下功夫,控制产品的质量,鼓励企业在生产上发扬"工匠精神"。盘活上游产品采购市场,建立顺畅的采购渠道。做好环卫刷的大配套,发展民用刷的精配套,促进生活用刷的小配套。规范原材料的进货渠道与来源,建立地区品质控制的来源追溯机制,坚决把低质原料隔离在供应链之外。

重点做好民用刷生产环节在辊、轴、丝、手柄上生产配套。加强对民用刷制品配套零部件的造型设计,提升工艺水平和精度水平,增强零部件产品的实用性和匹配度。

二、发展下游产业

推动刷制品下游产业有序发展,促进产业规模快速壮大,力争到2025年,培育一批机器人加工、工业机器人等相关产业企业,其中规模以上企业达到10—20家,刷业产业转型升级格局基本形成。

目前,源潭刷业小镇刷制品下游产业发展态势良好,环境卫生保洁等相关产业方兴未艾,垃圾桶、垃圾车、垃圾清扫车等环卫相关产品生产能力及市场规模均达到一定水准,已形成近上亿元的产值。加快发展以环卫刷为核心零部件的环卫车辆以及以垃圾清运为主营业务的相关环保产业,提升垃圾清扫车辆、垃圾运输车辆等产品生产能力。加大对企业发展的扶持力度,推动下游产业企业并行发展,提升环卫刷下游产品品质,促进全产业链的升级改造。

加快以工业刷为核心零部件的刷制品衍生产业发展,提升工业机器人轴、工业机器人清洁器以及相关机械产品的生产能力。大力发展精密机械加工产业,扩大产业规模,夯实高端制造基础。

加快发展民用刷下游产业,突出家庭保洁产品系列和车辆保洁产品系列,提升家具用刷、床品用刷、鞋刷等产品生产能力。积极发展对民用刷需求量较大的建筑业工具、建材、装修辅材等产业。力争到2025年,民用刷年产值超过30亿元。

三、培育关联产业

大力发展刷制品关联产业,依托天柱山极限运动项目发展休闲运动产业,开发以滑板、轮滑为主要特色的运动产品,以运动旅游促进刷业的品牌推广,形成休闲旅游业与主业相互支撑的发展格局;依托天柱山国际旅游,植入刷业文化与皖文化,形成有刷业特色的文化旅游,促进源潭刷业小镇旅游与旅游衍生产品做大做强。

大力发展高新技术产业,着力引进与刷制品有关联的新产业、新技术,积极开展适合源潭刷业小镇的高新技术项目,引入"互联网+"和电商模式,充分利用大数据、云计算等信息技术,积极培育高新技术企业,引导刷业产业向"高精尖"方向发展。

第十六章 创新生产性服务

一、增强研发能力

研发是刷业行业保持市场竞争力与提高生产效率的秘诀。刷业研发分为设备的研发和产品的研发，但目前源潭刷业小镇更多注重产品的研发。源潭刷业研发可以通过合作研发和自主研发两种途径实现。

合作研发通过契约或者隐形契约的约束联合行动而自愿形成研发组织体，以资金、人才、成果形式合作，或以资金入股形式合作，同时技术供方、技术中介和技术需方进行合作以及刷业企业和行业协会、相关高校和科研院所等进行合作，借助"产学研"合作机制，使得创新点能够快速地运用于生产环节。这种合作开发的形式有利于获取互补资源，克服市场的无效率问题，减少市场交易，降低和分担研发过程中的成本和风险，提高创新中的灵活性，可以作为源潭刷业研发的主要方式。

自主研发是刷业企业根据市场情况和用户需求，或针对原有产品存在的问题，从根本上探讨产品的层次与结构，进行有关新技术、新材料和新工艺等方面的研究，并在此基础上开发出具有本企业特色的新产品，以最少的劳动投入和资本投入，获取更多的附加值。虽然自主开发需要企业承担较高的风险，但是自主开发体现了刷业企业的设计开发能力和品牌构建能力，设计出成本较低、功能完善、结构新颖和外观漂亮、适合市场需求的产品，体现出设计的经济性以及技术与市场的适宜性。

二、建立刷业技能培训中心

依托安徽刷业商会和地方职业院校，立足源潭镇，辐射长三角，面向全国刷业产业，与省内外一流综合高校、科研院所合作成立全国全行业唯一一家涵盖人才培养、刷业研发、刷业制造、产品营销、终端服务等全环节的咨询诊断与执行落地的教育机构——刷业技能培训中心，聘请刷业行业知名企业家及实战派专家、理论教授组成教学团队，在行业内构建丰富的实战经验与科学的理论体系相结合的教学模式，为行业开展制刷设备研制、刷业设计、刷业研发、产品包装、刷业销售、企业管理等刷业全产业链的咨询诊断与执行落地服务,快速为小镇输送刷业实战型人才。同时,积极为刷业企业提供定制培训服务,开展集新入职员工培训、业务员培训、生产管理培训、中高管理层培训、户外拓展训练等于一体的培训体系,帮助企业实现团队整合,增强企业凝聚力,提升员工的行业责任和职业道德。

三、提升营销服务能力

1. 引导企业强化营销思维

近年来,刷业市场较好,但源潭刷业小镇的企业普遍存在重生产轻营销的问题;有的企业甚至只管生产、不管营销,完全把产品营销外包给批发商;有的企业只是推销产品,不重视产品市场维护,不重视市场持续性发展。基于此,应引导小镇企业强化营销思维,建立专业化营销团队,形成品牌推广、产品推广、产品维护健全的营销环境;加快构建稳定的销售渠道,提高营销渠道的通畅性,提升营销水平与营销效果;同时应积极提高产品知名度,打造一批小镇自身的国内外知名刷业品牌。

2. 创建外贸出口示范基地

源潭刷业小镇刷制品直接或间接境外贸易数量庞大,出口地遍布全球各地,但多为中低端产品。通过创建外贸出口示范基地,推进产业向上下游延伸,引进、培育相关生产性服务业企业,强化产学研合作,推动刷业小镇由产业集聚区向现代产业集群转变。同时,推动基地内企业组织结构的调整,鼓励行业龙头企业牵头组建统一的营销公司,捆绑开拓市场,构建出口供应链;鼓励上下游企业相互参股,共同开展产品的研发、设计;鼓励基地企业组建相关协会等行业自治、自律组织,塑造外贸竞争新优势,打造区域品牌,加快推进外贸发展方式转变。

3. 构建合理的市场竞争秩序

倡导公平有序竞争,在市场竞争中建立正当的竞争关系。以刷业协会为依托,规范竞争关系,确立行业准则。以行业协会为抓手,搭建刷业企业合作平台。塑造统一的地域品牌,建立统一的对外谈判与营销机构,维护源潭企业声誉。引导企业将产品价格确定在合理水平,避免在同一地区开展价格战。实行错位竞争模式,鼓励各类企业在销售区域、销售类型、销售对象等各方面寻求差异性,力争在销售中获得市场的主导权,增加市场收益。

4. 主动融入"互联网+"营销模式

充分发挥"互联网+"技术优势,提高源潭刷业小镇企业运行效率,实现"让信息多跑路"。整体引入"互联网+"销售模式,构建一体化服务平台。将源潭刷业小镇作为流量导入平台,整合相关企业信息,建立健全信息共享机制,力争把平台建设成为源潭刷业小镇的展示平台、刷业产业和刷业企业的展示平台以及刷业技术的展示平台,扩大源潭刷业小镇的整体影响力,为企业增加交易机会。引导刷业小镇销售商、生产企业在线上建立推广平台、交流平台,设置网上下订单、看样和结算等功能,促进线上交易规模的快速增长。

四、建设刷业交易中心

1. 建设刷业交易市场

在源潭刷业大市场的基础上,利用源潭刷业产业基础雄厚、门类齐全的优势,建设集批发、配送、展销等多种经营方式于一体,交易规模大、交易方式先进、市场辐射面广、全国知名度高、规范化的现代刷业交易市场。通过刷业交易市场建设,发挥市场的产业集聚效应,扩大产业集聚优势,吸引相关企业进一步向市场所在地集聚,完善刷业交易市场对信息的集散和向导功能,使之成为影响我国刷制品最广、规模最大的专业交易市场。

2. 创建仓储物流中心

利用源潭刷业总量的规模优势,依托源潭刷业大市场等,积极引进专门从事仓储物流的知名企业入驻,建设集原料、半成品、产品采购与销售于一体,专业化、社会化的制刷产业仓储物流配送中心,为小镇刷制品生产企业发展提供全方位的销售服务。

五、打造人才服务平台

为解决源潭刷业小镇产业发展的人才瓶颈难题,通过构建人才服务平台,坚持内部提升和外部引进相结合,积极做好人才培育工作。

1. 举办刷业技能竞赛

为进一步弘扬"工匠精神"、厚植"工匠文化",政府或安徽刷业商会可以单列一定的财力、物力和人力,每年举办形式多样的刷业技能大赛,通过以赛带训、以赛促学,最大限度地激发刷业员工立足本职、岗位练兵、钻研技术的积极性,在小镇范围内营造"尊重技术知识、尊重技能人才"的良好社会氛围,进一步挖掘刷业人才,提高刷业队伍素质,推进刷业技术进步,为推动源潭刷业产业转型升级提供强有力的技术支撑和人才保障。

2. 开展各类人员培训

积极与省内外高校、科研院所加强合作,及时根据源潭刷业企业的需求,定期或不定期邀请知名专家通过将课堂开到车间现场授课等方式对刷业企业管理人员、职工开展工商管理培训和业务技能培训,进一步提高刷业企业员工的综合素质。

3. 建立校地合作专家工作站和青年教师实践基地

充分发挥高校、科研院所高层次人才和青年教师在刷业小镇发展中的智力支持作用,着力破解制约刷业产业发展的管理经营机制和关键技术等难题,培养一批急需的紧缺人才。支持高校、科研院所在源潭刷业小镇建立专家工作站,鼓励高校、科研院所相关专业专家、合作导师、兼职教授、讲席教授和优秀青年教师到小镇开展咨询、项目合作、科技研发、技术转移等工作,促进全方位、多层次的校企产学研合作实地对接。

4. 建立大学生实践基地

吸引省内各高等院校在源潭刷业小镇建立大学生实习实践基地和创新实践基地,鼓励更多大学生到刷业小镇学习、见习、实习,让更多青年学子了解源潭,积极为小镇刷业产业发展储备后续人才。

第十七章　壮大产业园区

一、完善园区基础设施

坚持产城融合发展,科学规划工业园区,加大对工业园区的基础设施和公共服务设施建设力度,合理布局生产、生活、生态空间,统筹园区生产、办公、生活、商业等功能区规划建设,推进功能适度混合,引导工业园区加强与城区的功能对接,注重将城区的道路交通、给排水等基础设施向工业园区延伸。强化工业园区土地储备工作,根据园区发展规划和实际需要,加大园区土地指标的调配力度,超前做好园区前期用地的收购储备、土地拆迁腾退和被征地农民还建安置工作。

通过向上争取资金和引进社会资金相结合的方式,着力解决工业园区基础设施建设资金缺口问题。建立工业园区基础设施建设联席会议制度,负责在规划、用地、融资、建设等方面进行统筹协调,及时调度工业园区建设中出现的各种障碍。科学布局工业园区产业,提升刷业产业发展档次,完善产业体系,减少同质竞争,避免资源浪费。鼓励刷业企业兼并重组,淘汰一批生产能力弱、效益差的企业,提升园区企业整体竞争力。提高刷业企业准入门槛,加大生态环境建设工作力度,坚决避免以破坏生态、污染环境为代价发展刷业产业经济;强化对刷业企业安全生产的监管,坚决杜绝重大安全事故的发生。

二、培育重点龙头企业

在产业集群发展过程中,龙头企业在经营发展方向上具有重要的引领作用,并能够有效引导产业集群企业开展技术开发和传导。重点培育、扶持环美刷业、六顺达刷业、三和刷业、恒昌刷业等一批有实力、有潜力的企业,努力建设成为龙头、领军企业,促进龙头企业、领军企业找准市场定位,瞄准市场需求,大力提升产品竞争力。

通过向上争取财政贴息、专项资金奖励等措施,鼓励龙头企业做大生产规模。实行精准培育,实施"一企一策",突出"一对一"精准服务,推动产业健康有序发展。实施项目带动,围绕支柱产业链条,加强项目策划招商,引进培育一批产业龙头项目。着力营造浓烈的发展氛围,积极构建"亲""清"新型政商关系,激发和保护企业家精神,提升企业家综合素质,吸纳更多优秀企业家参政议政,对贡献突出的龙头企业进行通报表彰,并推荐为各级人大代表和政协委员候选人选。

依靠科技进步,以资本为纽带,通过兼并、联合、重组等形式,培育一批主营业务突出、研发能力较强的龙头公司,增强企业核心竞争力,提高产业集中度。扶持一批机制活、起点高、市场前景好、成长快的企业,通过辐射和带动作用,促进刷制中小企业向"专、精、特、新"方向发展。积极发挥大企业的辐射带动作用,引导中小企业强化对大企业的专业化配套和服务,逐步形成大中小企业分工合作、错位协调发展的格局,提高生产的专业化及社会化水平。

三、创建创新创业基地

按照"政府推动、业主开发、银行支持、市场化运作"原则,积极推动"大众创业、万众创新",大力推进多层标准化厂房等公用设施建设,为孵化入驻小企业提供便利条件。推动源潭刷业小镇创新创业刷业孵化基地建设,促进各种资源的合理优化配置,切实提高土地资源、人力资源和服务资源的利用率,助推中小企业快速发展。

四、提高园区管理水平

集约化推进项目建设。提高项目准入门槛,重点提高新入园项目投资强度。对新入园项目的土地供应,与其固定生产投资总额和税收贡献率挂钩,鼓励企业兴建多层厂房。进一步明确企业建设投资强度、容积率、建筑密度等设计指标。引导企业积极培育企业文化,通过专业化设计,突出企业文化标识,彰显企业良好形象。

专业化开展企业服务。树立"甘当店小二"理念,由"等企业上门"转变为"主动上门为企业服务",及时协调解决项目落地建设过程中遇到的土地、规划、环保、征地拆迁、供电、供水、供热等方面的问题,进一步提升服务效能。在完善提升园区道路、绿化等基础设施配套的基础上,全面提升园区软实力,提高对各级政府优惠支持政策的运用水平,探索建立创业导师、中介服务、天使基金、创投基金等综合服务体系,完善园区孵化服务功能。

引导刷业商会与市场监督管理部门完善对接机制,建立打假维权系统,依法严厉打击各种生产假冒伪劣刷制品和侵犯刷制品专利权的不法行为。加大对刷业市场秩序的整顿力度,引导企业进行有序竞争。鼓励企业开发新产品、改进新工艺、降低生产管理成本,以良好的产品性价比扩大市场份额。

第十八章 重点任务

一、加大招商引资

1. 把招商引资摆在突出位置

坚持把招商引资作为加快小镇产业发展的一项战略性举措,大力实施以商招商,鼓励和支持优势企业采取"走出去,请进来"等方式进行合资合作。积极探索行之有效的招商引资方式方法,推进招商引资市场化。鼓励企业瞄准国内外知名大企业、上市公司,争取业务配套。充分发挥经济相关部门联系广泛的桥梁纽带作用,支持和组织有条件的企业参加展销会、博览会等大型经贸活动,注重以项目招商、以会展招商,促进小镇投资规模快速扩大。

2. 探索实施中介招商模式

试行招商引资全部由专业机构负责的市场化运作模式,雇用一批专业招商人员专门从事招商引资工作,将其薪酬与业绩挂钩。按照相关产业扶持政策,结合本地区的发展规划,对项目进行筛选、洽谈,争取经济社会效益最大化。建立健全中介招商组织诚信信息库,通过设置"黑白名单"对中介工作开展情况进行动态评价。做好信息公开工作,在政府平台对符合资质的中介招商组织相关信息进行公开,供投资者挑选,并接受社会、媒体等多渠道的监督。

3. 强化招商引资监督监管

在招商引资前期,加强对落户企业经营情况、项目前景等各个方面进行审查,重点关注投资者的真实投资意图及资金、技术、资质、人员等,防止投资者从事非法集资、套取贷款等违法活动。在项目落户后,重点加强对企业安全生产、生态环境保护方面的监管,对出现严重事故的企业追根溯源,对引入者进行追责,全面树立责任意识。

二、推进商会建设

鼓励安徽省刷业商会凝聚社会力量,不断规范行业规则,加强省内外交流合作,实行抱团发展,引导会员企业反对恶性竞争,抵制假冒伪劣产品,做好制刷产业兴旺"大文章"。鼓励刷业商会加强行业自律,充分放大团体优势和平台作用,推进制刷企业共建、共商、共享、共赢,把商会打造成为推进制刷产业转型升级的重要平台,助力招商引资的重要桥梁,刷业立足国际国内市场、捕捉商机的重要窗口。

引导安徽省刷业商会做好调查研究和市场信息数据服务工作,在行业标准的制定和技术咨询与培训等方面发挥积极作用。联合刷业商会加大对刷业市场秩序的整顿力度,减少恶性模仿行为,切实保护企业的知识产权和创新热情。

引导安徽省刷业商会在企业审批、产品质量检测、制定最低保护价、行业内部新产品维权等方面发挥作用,积极协助政府制定制刷产业发展规划,制定有利于制刷产业转型升级的相关政策,及时向政府反映企业的诉求,协调中小企业合作组建企业集团,提高集群整体竞争力。

三、创建服务中心

根据小镇企业发展的需要,结合本地发展实际,创建源潭刷业小镇客厅,建设公共服务中心、公共服务大厅和公共服务平台等。

1. 建设源潭刷业小镇客厅

在源潭刷业小镇重要区位建设集规划展示、刷业产品展示、小镇旅游接待、公共服务中心、公共服务大厅、公共服务平台等功能于一体的源潭刷业小镇客厅,在设计上,应突出刷业主题,提升档次,展陈内容与形式要突出多种传统与现代相结合,互动性和体验性相结合,让其作为展示源潭刷业小镇建设理念、产业定位和制刷业知识的最直观窗口,将刷业小镇客厅作为展示小镇特色的全新载体,直接助推特色小镇的创建工作。

2. 创建制刷业公共服务大厅

在刷业小镇客厅中创建企业公共服务大厅,开设工商注册、证照联办、外资经贸、消防环保、财务税务、公安业务等"一站式"服务窗口。服务大厅采用彩色同步显示屏滚动播出包括各项服务内容在内的信息,设置多台自动查询设备,为中小企业提供信息化服务。

3. 创建制刷业公共服务平台

配套相应的硬件设施和专业人员,加强与刷业相关网站的链接,通过创建信息服务平台、市场服务平台等传递信息,为源潭刷业小镇企业发展提供各类信息服务。开通信息服务平台,以小镇刷业企业服务网站为载体,开通制刷企业信息服务版块,为企业提供各类信息查询和咨询服务,通过网络把国家的方针政策、政策法规、行业动态、统计数据等信息予以公示,方便本地企业点击查阅。建立健全市场行情、企业库、产品库、项目库、政策法规库等子版块。开通市场服务平台,通过制刷行业商会,主办或参加各种展销会、行业年会、订货会等活动,积极为小镇制刷企业开拓市场提供服务。

四、制定行业标准

制定出台刷业行业标准,将行业发展推向规范专业化的发展轨道,摆脱鱼龙混杂、良莠不齐的发展局面,提升行业整体竞争力。推进相关认证工作,不断提升企业的服务标准及员工素质,提升企业品牌影响力和美誉度,引导刷制品需求者根据公示的企业认证等级,选择优秀的企业进行交易,以保护需求者切身权益。分阶段推进刷业行业标准制定工作。第一阶段制定刷业团体标准,使之在规范市场竞争秩序、支撑产业发展中发挥积极作用,成为现有标准体系的有益补充。坚持政府引导、社会团体主导、技术组织支撑的管理方式,建立健全激励机制,鼓励企业参与制定和采用团体标准,采用适当的方式约束不正当竞争行为。坚持把刷业商会作为组织制定刷业团体标准的核心力量和责任主体,积极发挥组织、督促和指导作用。充分利用高等院校、科研院所与检测认证机构在试验设备、检测资源、行业信息收集等方面的优势,共同参与团体标准的制定工作,以确保制定出技术指标先进、操作性强的团体标准。督促刷制品质量监督检验中心严格按照法律法规及强制性标准的要求,把好团体标准的质量关,为企业提供技术标准咨询服务。第二阶段积极申报刷业行业标准。在制定出刷业团体标准的基础上,利用源潭刷业的区域品牌,鼓励刷业商会积极向国家标准化管理委员会申报刷业行业标准,力争引领整个行业的发展方向,在全国的刷业产业发展中抢占主导地位。

五、专设维权中心

积极推动中国源潭(刷业)知识产权快速维权中心申报工作,积极探索知识产权维权保护新机制,发挥知识产权机制在传统块状经济产业改造升级中的推动作用,引导建立自主创新、公平竞争的市场经济新格局。围绕制刷行业需求,积极为刷业企业提供专利检索、专利快速申请、快速确权、展示与交易、举报投诉、快速维权等一站式的综合服务。开通12330知识产权维权援助热线,设置中国外观设计专利智能检索系统和中国外观设计专利电子申请系统,设立安庆市中级人民法院驻中心知识产权巡回审判庭,为制刷行业的快速发展保驾护航。切实提高企业维权的效率,将产业外观设计专利授权时间由原来的半年缩短至30个工作日,将外观设计专利纠纷案件的结案时间由原来的半年大幅缩短至1个月左右,降低企业风险成本,助推企业实现转型升级。

六、打造区域品牌

1. 强化企业品牌意识

鼓励刷业企业进行技术专利申请、商标注册、著名商标申报,提倡刷业企业开展名牌经营活动,鼓励和支持名牌企业收购、兼并相关企业,促进名牌企业低成本扩张,快速提高品牌经营质量,扩大品牌市场占有率。大力支持符合条件的名牌产品生产企业加快上市进程。

2. 明确各类刷制品品牌定位

引导工业刷生产企业主动对接国内专业科研院所和高等院校,在塑料、成型、工艺等各领域寻求专业突破,积极打造源潭工业刷研发基地,确立小镇工业刷产品国内领先地位,强化小镇工业刷的"高、精、尖"属性。支持环卫刷生产企业做大做强,积极推进环卫刷品质认证与优质品牌创建,进一步稳定市场份额。鼓励民用刷生产企业发展系列品牌,积极推广商标注册、产品设计、工艺技术,提高产品质量,瞄准市场定位,着力提升市场知名度。

3. 注重培育区域品牌

依托现有的"中国刷业基地"、刷业"产业集群专业镇""中国刷业之都"等品牌,进一步创建世界刷业小镇、刷业会展中心、刷业物流商贸服务中心等。通过举办"源潭刷业发展国际咨询会议""长三角特色小镇高峰论坛"等高端论坛,积极向外界宣传源潭刷业小镇,提升刷业小镇在全国乃至全世界的知名度。

4. 加大政策支持力度

加大对名牌企业和区域品牌的财政投入力度,出台优惠政策,支持和鼓励企业争创名牌产品。对列入省级名牌、国家名牌产品的企业,提供财政贴息和担保。优先支持名牌产品生产企业建立产业研发中心或技术开发中心。大力推介优秀品牌,建立优质品牌生产商绿色通道,以品牌提高产品附加值和市场竞争力,努力扩大刷业产品影响力。

七、推进产业融合

1. 将源潭地方文化底蕴融入刷业产业发展中,形成小镇特有的刷业文化

坚持把刷业小镇作为传承保护源潭地域文化的重要载体,充分挖掘源潭地域

浓厚的历史文化资源,真正将人文资源汇聚到刷业小镇发展过程中,使小镇形成具有自身特色的刷业IP人文标识。

2. 将创意体验融入小镇刷业旅游当中,提高刷业产品附加值

加快建设以演示、服务、销售为主要功能的体验区,创建以刷业创意体验为特色的展示区。利用"创意旅游课堂"引导旅游消费者强化对刷业创意的认识。将刷业创意产业的价值链延伸到小镇旅游产业当中,凭借刷业创意产品的强大吸引力,打造出不同创意主题的主题公园,并设置相关赢利点。

3. 整合集成"刷业+"相关产业,形成新的经济业态

促进刷业上下游产业间的相互渗透和交叉重组,扩大产业范围。依托永大体育,将旅游刷业与运动项目有机结合,发展休闲运动产业,积极开发滑板、轮滑等特色运动产品。积极促进刷业产业与人工智能、信息技术等新兴产业的融合,推进刷业生产智能化,推动小镇刷业迈向中高端产品,力争未来时期将刷业小镇转型为刷业机器小镇。

八、亮化小镇环境

1. 注重环境保护

新时期刷业企业的发展必须以承担起社会责任为前提,要增强社会责任意识,树立建立环境友好型企业的理念,将企业社会责任评价标准和认证体系作为依据检查企业社会责任履行情况,通过标准和体系的设定,从法律层面明确企业应当承担的社会责任,引导企业落实社会责任,并建立执行情况的长效机制,促进社会责任的落实。加大刷业企业绿色环保技能投入,推动刷业企业淘汰落后产能。对于环境友好型先进典型刷业企业进行大力宣传并推广,从而树立企业良好的社会及国际形象,提升企业核心竞争力,为刷业企业健康发展营造良好的环境。

2. 做好环境整治

在全力以赴发展制刷业的同时,应充分做好源潭刷业小镇的环境整治工作,狠抓治污、排污,尤其做好工业废水废气和固体废弃物等污染物治理,做好噪音防治;同时加大基础设施建设投入力度,完善小镇道路两旁的排水排污设施,有效防止公路两旁因泥土冲刷后形成的粉尘污染,提升城镇管理水平,改善小镇环境面貌。

3. 实施绿化美化

强化小镇刷业风貌设计,营造刷业小镇制刷产业氛围,完善道路绿化亮化系统,尤其在主要交通干线道路两侧进行绿化植树,建设护林带,在建筑物上积极进行垂直绿化,提升小镇人居环境。

4. 融入刷子元素

在刷业特色小镇基础设施、公共服务设施以及环境美化建设过程中,深入发掘、营造与传播制刷产业的文化内涵,培育刷业文化载体,宣传刷,表现刷,形成中国特色的刷业文化表述方式。

九、强化安全生产

刷业行业必须时时注意安全,处处讲究安全,经常抓好安全;必须提高对安全管理的警觉,保持积极慎重的态度,发现问题、分析问题、解决问题;必须对安全管理常抓不懈,严格落实企业安全生产责任制,消除安全隐患,遏制员工的侥幸心理,进而减少事故发生,让安全成为企业各项工作的重中之重。

1. 加强安全思想教育,提高刷业全员安全意识

思想是行动的先导。要杜绝事故,首先必须将不安全因素消灭在萌芽状态。"安全生产,人人有责",防止安全事故的发生必须坚持"强意识、抓思想、严管理"的方针,切实搞好员工的安全思想教育工作,不断增强员工安全责任意识。对企业员工要注重教育引导,在日常工作中要坚持专业理论知识学习,夯实安全理论基础,不断增强使命感和责任感,切实夯实员工注重安全的思想基础。

2. 强化安全生产管理,落实刷业安全生产责任制

安全责任重于泰山。首先,要克服麻痹侥幸心理,确保自身安全,除了内在的驱动外,还要靠规章制度来约束。安全生产责任制、各种安全操作规程、岗位安全责任制等规章制度对杜绝侥幸心理,及时制约人的不安全行为有着不可替代的作用。安全生产责任制是一个企业各项安全生产制度的核心,也是最基本的职业安全健康管理制度。真正落实安全生产责任制,不断强化全体员工的安全意识,才能时刻牢记经验教训,时刻保障安全生产。

3. 增强管理监督检查,筑牢刷业发展安全生产防线

安全管理监督检查是安全管理工作的重要内容,是消除事故隐患、防止事故发生、提高安全意识的重要手段。安全监督检查要按照"重点作业、作业重点"的监控原则,有针对性地开展对"关键作业、关键时段、关键地点、关键人员"的安全检查和监督,现场解决生产中的问题。通过安全检查,可以及时发现运输生产中的各种安全隐患和违章行为,以便有计划、有针对性地制定纠正措施,使责任部门受到深刻的教训,真正做到有章必循、有法必依,把安全事故消灭在萌芽状态,保证企业的安全生产。

第十九章 保障措施

一、加强组织领导,营造舆论氛围

加强组织建设,建立专门领导工作小组,研究解决刷业发展中的重大问题,牢固树立科技创新和产业升级理念,切实把创新驱动摆在经济、社会发展的重要战略位置,着力增强制刷企业自主创新能力。加大资源整合力度,通过联席会议工作机制,加强重大项目和产业化项目的顶层设计,强化议事、决策和执行监督功能,统筹协调资源配置,明确合力攻关方向和重点投入领域。紧密衔接国家、省和市级产业政策,争取更多的资金支持和更多的科技项目、基地建设、重点实验室在小镇落地,解决小镇产业发展的关键重大技术需求。

加大宣传力度,充分利用电视、网络、报纸等媒介,切实做好舆论引导和凝聚共识工作,积极宣传政策法规,弘扬自主创新精神。夯实县、镇两级联动宣传长效机制,建立和完善激励自主创新政策的巡回宣讲和企业政策辅导员制度。及时总结、宣传自主创新的好经验、好做法,积极推广创新方式方法,激发全域科技创新热情。

二、转变政府职能,强化服务质量

强化政府公共服务职能。深化行政审批制度改革,继续简政放权,把一些不应该由政府审批的事项或者可以由企事业单位承担的职能进行剥离,强化政府市场监管职能,减少政府对微观经济活动的干预,促进社会资源的高效利用和充分流动,为经济发展和各类市场主体公平竞争营造良好环境。

创新行政体制和管理方式。稳步推进大部门制改革,整合行政资源,健全部门职责体系,解决职责交叉、推诿扯皮现象。积极推进政务公开,建立高效的政务服务体系,继续完善"政务大厅"建设,推行"一站式服务",建立"政务超市",提高政府工作透明度。加强电子政务建设,构建适应信息化时代社会发展需要的政府组织形态,提高政府效能。推进政府绩效管理,提高政府公信力和执行力。推进法治建设,塑造法治政府。

推进政府绩效建设,改变以往重决策、轻执行、轻评估的状况,科学设计绩效评价的要素、指标和程序,引入独立的第三方机构,参与绩效评价。依据评价结果,制定出更加科学合理、方便高效的工作流程。

三、加大财税支持,促进创新发展

积极争取潜山市支持,适度扩大财权。按照分税制的要求,本着积极支持特色小镇发展的原则,探索建立新型财税分配机制,合理划分县、镇收支范围。在小镇辖区内产生的土地出让金净收益、城镇基础设施配套费等非税收入,重点用于刷业小镇的基础设施和公共服务建设。同时,加大财政转移支付力度,为刷业小镇发展提供充足的资金支持。

健全财政投入稳定增长机制,确保本级财政科技拨款的增幅高于财政经常性收入的增幅,逐步提高R&D经费占地区生产总值的比重。加强财政性科技投入资金的统筹管理,提高科技投入在专项资金中的比重。不断规范和加强财政科技拨款项目支出管理,建立严格的稽查制度,对科技经费的落实情况进行定期检查,严肃查处人为因素造成的资金不及时到位、挤占、挪用等现象。

完善资金投入和使用制度,注重对科技项目的申报、评审、立项、执行和结果进行全程监管。建立财政科技投入经费使用绩效考评体系,防止科研资金的滥用和低效使用,确保财政科技投入的公开、公正和公平。

注重在研发、成果转化、中间试验和产业化生产等各个阶段给予创新项目政策支持。通过项目支持、资金引导和环境营造,吸引社会资金投向研究开发领域。试行企业科技研发资金先投入后报销制度,推动企业持续增加研发投入。

四、加强融资服务,解决资金难题

引导商业银行加强对刷业企业融资的支持。加大财政贴息力度,鼓励和支持商业银行扩大对制刷企业的贷款规模,切实保障商业银行信贷向科技项目倾斜。健全商业银行贷款风险补偿机制,试行先基准利率后风险补偿的办法,按照国家基准利率对企业项目发放贷款,等项目完成取得收益时,再给予商业银行一定的风险补偿收益。积极争取政策性银行的支持,发展中小企业信用担保事业,争取创立中小企业贷款担保基金,鼓励商业资本和民间资本积极参与,建立互助性和商业性担保机构。鼓励企业在"新三板""四板"挂牌融资。最大限度地整合、发掘和培育优质上市资源,选取一批科技创新前景好的中小企业进行重点扶持,尽快进入挂牌程序。积极争取各类项目资金和金融部门的各类融资,合理吸收民间资金,切实解决小镇建设和企业发展的资金难题。

五、确保土地供应,提高土地使用效益

深化土地供给侧结构性改革,扩大建设用地"有效供给",促进小镇重点企业、产业园区和相关重要配套设施用地应保尽保。将刷业产业园建设工程纳入土地利用年度计划和供地计划。加强工业园区土地储备,涉及新增建设用地的,提前确定地块,超前做好园区前期用地的收购储备、土地拆迁腾退和被征地农民还建安置工作。充分利用存量建设用地。将储备土地和收回使用权的国有土地,优先安排用于刷业产业园区建设。对投资强度大、产出效益高的项目优先安排用地指标,努力实现用地向科技创新强、品牌运营好、附加值高的企业和项目倾斜。深化"绿色通道"和预约、上门服务等特色服务,落实重大项目专人跟踪服务制度,最大限度地简化办事环节、压缩办理时限,确保重大项目快落地、早投产。鼓励采取租赁方式使用土地,逐步实行产业用地"先租后让"供应方式。优化服务用地和工业用地的合理配置,不断提升土地使用效益,建立批后监管制度,约束企业的用地行为,防止土地闲置和浪费,逐步提高土地利用效率。

专栏五　源潭刷业小镇产业发展规划(2019—2030)主要任务分解

序号	项　目	主要任务	责任单位	完成时间
1	空间布局	概念规划	政府	2019
2		产业规划	政府	2019
3		单体设计	政府	2019
5	生产性服务业	小镇客厅建设	政府	2020
6		技能培训中心	政府/商会	2021
7		刷业交易中心	政府	2021
8		人才服务平台	政府/商会	2021
9		营销能力提升	商会/企业	2025
10	产业园区	基础设施建设	政府	2025
11		龙头企业培育	政府/企业	2025
12		创新创业基地	政府/商会	2021
13		园区管理提升	运营商	2021
14	重点任务	招商引资	政府/商会	永久
15		商会建设	政府/商会	2019
16		服务中心	政府/商会	2021
17		行业标准	商会	2025
18		维权中心	商会	2025
19		区域品牌	政府/商会	2019
20		产业融合	政府/商会	永久

续表

序号	项目	主要任务	责任单位	完成时间
21		环境优化	政府/企业	2021
22		安全生产	政府/企业	永久
23	保障措施	领导机构	政府/商会	2019
24		转变服务	政府	永久
25		财税支持	政府	永久
26		融资服务	政府/金融机构	永久
27		土地保障	政府	永久

附　录

附录一　中国刷业企业调研问卷

您好：

为了解中国刷业发展状况，更好地服务中国刷业的可持续发展，本校决定开展中国刷业发展状况调查，请各位根据实际情况如实填写。衷心感谢您在百忙之中给予的配合与参与！祝您身体健康、事业顺利、阖家幸福！

2018年7月8日

贵公司名称：_____

贵公司联系人：_____联系电话：_____

1. 贵公司所属行业是(　　)。
   A. 工业刷　　B. 环卫刷　　C. 生活刷　　D. 民用刷　　E. 其他刷
2. 贵公司资产规模是(　　)。
   A. 500万元以下　　　　　B. 500万元—1000万元
   C. 1000万元—2000万元　　D. 2000万元—5000万元
   E. 5000万元—1亿元　　　 F. 1亿元以上
3. 贵公司在岗职工人数(　　)。
   A. 50人以下　　B. 50—200人　　C. 200—500人　　D. 500人以上
4. 贵公司2017年完成销售额为(　　)，利润额为(　　)。
   A. 500万元以下　　　　　B. 500万元—1000万元
   C. 1000万元—2000万元　　D. 2000万元—5000万元　　F. 5000万以上
5. 贵公司2017年完成税收为(　　)。
   A. 50万元收下　　　　　B. 50万元—100万元
   C. 100万元—200万元　　D. 200万元—500万元
   E. 500万元—1000万元　　F. 1000万元以上

6. 贵公司出口产品占总销售的比重(　　　)。

   A. 无　　　　　　　B. 10%以下　　　　C. 10%—20%

   D. 20%—50%　　　E. 50%—80%　　　F. 80%以上

7. 贵公司在网上销售占总销售的比重(　　　)。

   A. 20%以下　　B. 20%—50%　　C. 50%—80%　　D. 80%以上

8. 贵公司拥有注册商标数量____,其中市级以上商标数量____;贵公司近五年专利数量_____。

9. 贵公司开发新产品来源(　　　)。

   A. 自主开发　　　B. 购买　　　C. 同行模仿

10. 贵公司近五年开发新产品年平均数量(　　　)。

    A. 无　　　　B. 1　　　　C. 2　　　　D. 3

    E. 3—5　　　F. 5—10　　　G. 10以上

11. 贵公司近五年开发新产品投入年均费用(　　　)。

    A. 20万元以下　　　　　　B. 20万元—50万元

    C. 50万元—100万元　　　D. 100万元以上

12. 贵公司产品在市场中竞争优势主要是(　　　)。(多选并排序)

    A. 价格便宜　　　B. 质量出众　　　C. 品牌

    D. 服务好　　　　E. 市场知名度高　　F. 推销

13. 您认为制约贵公司发展的主要因素是(　　　)。(多选并排序)

    A. 研发人才缺乏　　　B. 生产技术人才缺乏　　　C. 工人技术水平不好

    D. 工厂位置不好　　　E. 资金缺乏　　　　　　　F. 品牌没有知名度

14. 贵公司的资金来源主要有(　　　)。

    A. 自身或家庭储蓄或收入　　　B. 银行贷款

    C. 民间借贷　　　　　　　　　D. 亲朋好友借贷

    E. 政府专项资金、项目补贴　　F. 资金互助社

    G. 农村信用社　　　　　　　　H. 其他_____

15. 贵公司原材料供应商数量是(　　　)。

    A. 自我提供　　B. 1—5家　　C. 6—10家　　D. 10家以上

16. 贵公司需要政府支持企业发展的建议(　　　)。(多选并排序)

    A. 资金借贷支持　　B. 税收支持　　C. 人才支持

    D. 产品推广　　　　E. 行政支持　　F. 市场资源

    G. 信息推介与员工培训　　H. 其他_____

17. 贵公司特色或优势(产品、商业模式、技术、管理等)主要体现在:

18. 贵公司所在刷业行业制约其提升竞争力的关键因素(人才、技术、资金、环保要求等)是:

附录二 2019年广交会刷类及清洁用具部分参展商信息

序号	公司名称	所在地	主营业务
1	上海神永进出口有限公司	上海	油漆刷子、油漆滚筒、相关绘画工具、装饰工具、日常使用刷子、工业刷、手工具、珠宝制造工具、轻工产品和矿产品
2	浙江浦江三建工具有限公司	浙江省浦江县	专业生产各类钢丝刷、铜丝刷、日用清洁刷及其他建筑类油漆工具
3	镇江久益五金工具有限公司	江苏省镇江市	经营五金工具、滚筒刷(不得从事油漆表面处理)的制造;塑料制品、五金工具的销售
4	安徽环美刷业有限公司	安徽潜山源潭镇	各种机械扫路刷、扫雪刷、护栏刷、机场跑道刷、农场按摩刷等,各种PP丝,PVC/PBT等塑料丝,以及各种型号钢丝及扁钢丝等
5	淮安丹迪进出口有限公司	江苏省淮安市清河区	五金工具、建筑装潢材料(危险化学品除外)、劳防用品、纺织品、日用百货、数码电子产品、机电产品、机械设备、汽车配件、摩托车配件、办公用品、服装服饰、鞋帽、箱包、皮具、塑料制品、化工产品(化学危险品及易制毒化学品除外)、文具用品、一类医疗器械、金属材料(稀有金属、贵重金属除外)、太阳能产品、家具、家用电器销售;自营和代理各类商品及技术的进出口业务
6	镇江市丹徒区云霄制刷厂	江苏省镇江市丹徒区	笔刷、滚筒刷、轴承、五金工具、铁桶的制造、加工;塑料制品的销售;自营和代理各类商品的进出口业务(国家限定企业经营或禁止进出口的商品及技术除外)
7	丹阳市双飞制刷厂	江苏省丹阳市	滚筒刷、漆刷及其配件加工销售。眼镜、镜片及眼镜配件生产销售(隐形眼镜除外),自营和代理各类货物及技术的进出口业务

续表

序号	公司名称	所在地	主营业务
8	枣庄正和制刷有限公司	山东枣庄市峄城区	油漆刷、滚筒刷、长毛绒玩具、五金工具生产销售及进出口业务
9	镇江振凌刷业有限公司	江苏省镇江市丹徒区辛丰镇	漆刷、滚筒刷、排笔、工业用刷、民用刷、漆刷柄、五金工具的制造、加工、销售;自营和代理各类商品及技术的进出口业务
10	镇江明晖制刷有限公司	江苏省镇江市丹徒区辛丰镇	各类毛刷制品及其配件的生产;自营和代理各类商品及技术的进出口业务
11	镇江市丹徒区华联制刷有限公司	江苏省镇江市丹徒区	油漆刷、排笔、滚筒刷、木柄、皮鞋的制造销售;五金加工;可移动淋浴房安装销售;卫浴设备的销售;自营和代理各类商品及技术的进出口业务
12	镇江精英对外贸易有限公司	江苏省镇江市京口区	自营和代理各类商品及技术的进出口业务(国家限定或者禁止企业经营的商品及技术除外)
13	镇江市万丰工具有限公司	江苏省镇江市丹徒区	五金工具、油漆刷、滚筒刷的制造、加工;自营和代理各类商品及技术的进出口业务(国家限定企业经营或禁止进出口的商品及技术除外)
14	宿迁市强荣贸易有限公司	江苏省宿迁经济开发区	自营和代理各类商品及技术的进出口业务(国家限定企业经营或禁止进出口的商品及技术除外);"三来一补"业务;油漆刷、钢丝刷、滚筒刷,纺织原料、针纺织品、服装、鞋帽、日用百货、五金杂品、机械设备、电子元件、化工原料及产品(化学危险品除外)、工艺品销售
15	镇江瑞康进出口有限公司	江苏镇江市润州区	自营和代理各类商品及技术的进出口业务(国家限定经营或禁止进出口的商品及技术除外)
16	孝感市华茂制刷有限责任公司	湖北省孝感市	重庆水煮猪鬃、日用刷、油漆刷、油画刷、工业用刷,猪鬃及其制品,毛刷,钢丝刷,五金工具制造、销售;货物和技术进出口(不含国家禁止或限制进出口的货物或技术)(未取得专项许可的项目除外),自有场地租赁
17	宁波甬力五金科技有限公司	浙江省宁波市	五金工具、钢丝轮、塑料件、灯饰、灯具、太阳能灯研发、制造、加工,电器、橡胶件制造、加工;自营和代理货物及技术的进出口,但国家限定经营或禁止进出口的货物及技术除外
18	安徽威纳斯进出口有限公司	安徽省滁州市琅琊区	主要经营五金工具、建材、机械设备、电子产品、地板、电动工具、汽车及摩托车零部件销售;自营和代理各类商品及技术的进出口(国家禁止和限定的进出口商品和技术除外)

续表

序号	公司名称	所在地	主营业务
19	镇江迈特工具有限公司	江苏省镇江市丹徒区	五金工具、滚筒刷、毛刷的制造、加工;自营和代理各类商品及技术的进出口业务(国家限定企业经营或禁止进出口的商品及技术除外)
20	河北昱晟贸易有限公司	河北省石家庄市长安区	经营滚刷、油漆刷、通信配件、五金铸件等产品
21	丹阳市祥辉塑料制品有限公司	江苏省丹阳市	油漆托盘,滚筒刷,泡棉滚筒,画笔,油漆刷,汽车配件等其他塑料制品
22	扬州市文峰塔鬃刷有限公司	江苏省扬州市	自营各类商品和技术的进出口业务;土特产品及制品、畜产品及制品收购、生产、加工、销售
23	丹阳日进工具有限公司	江苏省丹阳市	生产油漆刷、滚筒刷、食品刷以及五金工具加工
24	长沙百隆百货贸易有限公司	湖南省长沙市	经营日用百货、服装鞋帽、五金交电、机电产品、工艺品、建筑装饰材料、化工原料及产品(不含危险化学品和监控品)、猪鬃的销售;自营和代理各类商品和技术的进出口(国家限定公司经营或禁止进出口的商品和技术除外)
25	河南青木机械进出口有限公司	河南省郑州市	磨料;磨具;其他五金工具;锯;量具量仪;手动工具;五金配件;日用五金;机械五金
26	乐昌市鸿宁五金制品有限公司	广东省韶关市	生产油漆滚筒、毛套、画笔、海绵刷各种油漆工具,日用刷,化妆笔,五金制品,木制品,塑料制品
27	宁波辉优迪电器科技有限公司	浙江省宁波市	生产蒸汽清洁器、蒸汽清洁刷、成品模具,小家电、电器配件、塑料制品、五金冲件及模具的研发、制造、加工;自营和代理货物和技术的进出口,但国家限定经营或禁止进出口的货物和技术除外
28	宁波鑫海爱多汽车雨刷制造有限公司	浙江省宁波市	雨刷片、雨刷器、汽车零部件、橡塑制品、文体用品、厨房用品、木制品、保温瓶、焖烧锅、溜冰鞋、不锈钢制品、家用电器、机电、五金配件、服装、服饰、棉麻织布的制造、加工、批发、零售;化工原料、陶瓷制品、建筑材料、汽车零部件的批发、零售;自营和代理各类货物和技术的进出口,但国家限定经营或禁止进出口的货物和技术除外

续表

序号	公司名称	所在地	主营业务
29	北仑福托机械工具有限公司	浙江省宁波市	金属轮刷、五金工具、电动工具附件、橡胶制品、塑料制品、磨具、磨料、抛光材料、刷子、普通机械设备及配件的制造、加工和批发零售;自营和代理各类货物及技术的进出口业务(除国家限定公司经营或禁止进出口的货物及技术)
30	河南省大广进出口有限公司	河南省郑州市	从事货物和技术的进出口业务(法律法规禁止的货物和技术除外);销售:机械设备、仪器仪表、皮革制品、五金工具、磨料磨具
31	河南中大金属日用品有限公司	河南省新乡市	锈钢丝清洁球、超细纤维清洁用品、纤维清洁块、海绵清洁块(不含危险品)生产;建筑材料、家庭用品、厨房用具、电源材料、橡胶制品、橡塑产品电子产品销售;经营本企业进出口业务(不含易燃易爆危险品)
32	天津利和集团畜产进出口有限公司	天津市	日用百货、土产、畜产、工艺品、地毯、轻工业品、纺织品、服装、建材、机械、五金、机电设备(不含小轿车)、棉花销售、交电、家用电器、矿产品、钢材、塑料制品、建筑材料、装饰装修材料批发、零售、代购代销;房屋租赁;仓储服务(不含危险品);科技信息咨询服务、电子技术咨询服务预包装食品、乳制品(不含婴幼儿配方乳粉)零售。利和畜产现自营及代理业务商品涉及裘皮制品、肠衣、塑料制品、彩涂板、手套、剑道服、乐器等
33	宁波伊司达洁具有限公司	浙江省宁波市	专业清洁用品、园林电动工具的设计和智能马桶开发、制造、销售
34	嘉兴捷顺旅游制品有限公司	浙江省嘉兴市	生产、加工箱包及拉杆、塑料制品及原料,金属五金制品,电器配件,清洁用品,模具,高档建筑管材
35	龙海森茂塑胶有限公司	福建省漳州市	生产塑胶丝、塑胶日用品、塑胶圣诞树(松针)、扫把、刷子、清洁用具、竹木制品
36	广州市白云清洁用品有限公司	广东省广州市白云区	洗地车、扫地车、地坪研磨机、刷地机、吸尘吸水机、吹干机等清洁机械设备,各类清洁器具和清洁剂

续表

序号	公司名称	所在地	主营业务
37	倍加洁集团股份有限公司	江苏省扬州市	牙刷、塑壳料制品模具、旅游用品(不含专项许可产品)制造、加工、销售;牙签棒、漱口水、口腔喷雾产品、湿巾、牙膏、日用品销售,经营本企业自产产品及相关技术的出口业务,经营本企业生产科研所需的原辅材料、机械设备、仪器仪表、零配件及相关技术的进口业务,经营本企业的进料加工和"三来一补"业务,提供技术服务、咨询服务、加工服务;普通货物运输;自有房屋出租;软件开发
38	广东三笑实业有限公司	广东省汕头市潮阳区	生产、销售:牙刷,梳,鞋,刷子,塑料制品,香皂,洗涤用品,纸制品。批发、零售、代购、代销:化妆品,日用百货,针织服装,家用电器,电子元件,照相器材,工艺美术品。货物、技术进出口(法律、行政法规禁止的项目除外;法律、行政法规限制的项目须取得许可后方可经营)
39	江苏晨洁日化有限公司	江苏省扬州市	牙刷、梳子、牙膏、香皂、塑料制品、盥洗室器具制造、加工,化妆品、化妆用具、洗涤用品销售
40	江苏三笑集团有限公司	江苏省扬州市	牙刷、牙膏、塑料制品、包装材料、日用化学品的生产销售及出口
41	三椒口腔健康股份有限公司	广东省汕头市	生产、销售:牙刷、香皂、洗涤剂、口腔清洁用品,塑料制品、印刷品印刷;批发、零售、代购、代销:针织服装,日用百货,文具用品,化工原料,化妆品。货物进出口、技术进出口
42	柳州两面针股份有限公司	广西壮族自治区柳州市	牙膏(国家有专项规定除外)、发用化妆品、香皂、膏霜、香水类、牙刷、旅游用品、家用卫生品、包装用品、日用化学品、洗涤用品的生产销售;纸及纸制品生产(租赁造纸厂资产经营)、销售;纸品加工;牙膏原材料生产、销售;自营和代理各类商品和技术的进出口(但国家限定公司经营或禁止进出口的商品和技术除外);日用百货、五金交电、服装鞋帽、化工产品及原料(不含易燃易爆危险品)、纸及纸制品、塑料及其制品、金属材料的销售
43	江苏兴盛刷业有限公司	江苏省扬州市	牙刷、衣刷、鞋刷、牙刷丝、塑料制品、旅游用品制造、销售;经营本企业产品、原辅材料、机械设备的进出口业务(国家限定企业经营或禁止出口的商品除外)。物业服务(凭资质经营)

续表

序号	公司名称	所在地	主营业务
44	扬州金巴丽刷业有限公司	江苏省扬州市	牙刷、塑料制品制造，日用化学品、洗涤用品销售；自营和代理各类商品的进出口业务(国家限定企业经营和禁止进出口的商品除外)
45	宁波永盛刷业有限公司	浙江省宁波市	货运(汽车普通货运)。塑料头梳、塑料制品、木制品、发刷、木头刷、木头按摩刷、猪鬃发刷、五金件制造、加工；自营和代理各类货物和技术的进出口，但国家限定经营或禁止进出口的货物和技术除外
46	四会市世达制刷有限公司	广东省四会市	生产、加工、销售：日用刷子、奶瓶刷、杯刷、清洁刷、吸管刷、婴儿沐浴梳；销售：婴儿日用品；货物进出口、技术进出口
47	江门服兴毛刷实业有限公司	广东省江门市	生产经营塑胶五金制品、日用百货及毛刷制品、波丽工艺制品、塑料丝、烘烤用品
48	昆山市富华制刷有限公司	江苏省昆山市	制刷，各类发刷、化妆刷、浴刷、清洁刷、宠物刷，木制品、日用品(帽、拖鞋)加工、销售；塑料制品、模具、五金制品加工；货物进出口业务。(法律、行政法规禁止的除外,法律、行政法规限制的凭许可证经营)
49	上海珩强工贸有限公司	上海市	种面料刷、撕纸式粘刷,粘胶刷,纸制品制造(除化学处理工艺),塑料制品、日用百货、家用电器、电子元件、计算机软硬件、文化用品、工艺品(象牙及其制品除外)、纺织品、建筑装潢材料的销售,从事货物及技术的进出口业务
50	扬州市新华笔刷有限公司	江苏省扬州市	制造销售毛笔、画笔、各种工业用刷、日用刷、包装用品、塑料制品、口腔清洁护理用品；经营本企业自产产品及技术的出口业务、经营本企业生产、科研所需的原辅材料、仪器仪表、机械设备、零配件及技术的进口业务(国家限定公司经营和国家禁止进出口的商品及技术除外)、经营进料加工和三来一补业务、售电服务；场地租赁
51	鹿邑县嘉美彩妆有限公司	河南省鹿邑县	毛刷生产销售；化纤毛、羊毛生产销售；彩妆配件生产销售；假睫毛生产销售；本企业相关的生产设备的生产销售,本企业相关产品的进出口业务(国家限制和禁止进出口的商品除外)(涉及许可经营项目,应取得相关部门许可后方可经营)

续表

序号	公司名称	所在地	主营业务
52	宁波市鄞州禾丰制刷有限公司	浙江省宁波市	棕刷、木刷、塑料刷、工艺木制品、纺织品、卫浴设备、普通机械设备、五金件、塑料配件的制造、加工;自营或代理货物和技术的进出口,但国家限制经营或禁止进出口的货物和技术除外
53	江门市新光源制刷有限公司	广东省江门市	生产经营刷类、家具,棕毛、塑料、五金、竹木制品,清洁用具类日用品,小家电产品
54	武夷山市美华实业有限公司	福建省武夷山市	化学品制造(不含危险化学品)、木制品加工(以木材经营(加工)批准书为准);竹制品加工;家居用品、木塑、竹塑生物质复合材料及制品的研发、生产、销售及法律、法规允许经营的商品及技术的进出口业务,酒店管理;销售茶叶机械及零配件、模具;茶叶(毛茶)及相关制品生产、加工、与销售
55	扬州市茉莉刷业有限公司	江苏省扬州市	牙刷制造、加工、销售;鞋刷、塑料片梳、宾馆酒店用品、旅游用品销售;自营和代理各类商品和技术的进出口业务(国家限制或禁止企业进出口的商品和技术除外)
56	安徽轩之华家庭用品有限公司	安徽省合肥市	家具、工艺品、日用品、纺织品、农副产品(除粮油)、机电产品、五金、鞋帽、电器、装饰材料销售及咨询服务,自营和代理各类商品和技术的进出口业务,但国家限定企业经营或禁止进出口的商品和技术除外
57	浙江久灵笔刷有限公司	浙江省金华市	普通货运(凭许可证范围和有效期经营);铅笔、刷子、竹木制品、化妆品制造、销售;经营本企业自产产品及技术的出口业务和本企业所需的机械设备、零配件原辅材料及技术的进口业务
58	扬州晨笑刷业有限公司	江苏省扬州市	牙刷制造、加工,塑料制品、宾馆酒店一次性旅游用品销售,经营本企业自产产品及本企业生产、科研所需的原辅材料、仪器仪表、机械设备、零配件及技术的进出口业务(国家限定和禁止企业经营的商品及技术除外)
59	泉州龙晟轻工有限公司	福建省泉州市	生产塑料日用品,各种工艺品、皮革制品
60	宁波尼可家用品有限公司	浙江省宁波市	塑料制品、清洁工具、不锈钢制品、照明电器制造、加工;自营和代理各类商品和技术的进出口业务,但国家限定公司经营或禁止进出口的商品和业务除外

续表

序号	公司名称	所在地	主营业务
61	福州麦柯科技有限公司	福建省福州市	生产橡塑制品、日用化工、清洁用品、五金制品等日用品;货物、技术的进出口(不含境内分销)。(涉及审批许可项目的,只允许在审批许可的范围和有效期限内从事生产经营)
62	宁波圣得雅化妆用具有限公司	浙江省宁波市	化妆用具、文具、家用电器、模具、塑料制品制造、加工;自营和代理货物与技术的进出口,但国家限定公司经营或禁止进出口的货物与技术除外
63	江门市悦升金属制品有限公司	广东省江门市	生产经营复合煲、餐具等不锈钢制品、小五金、家用小电器、钢化玻璃盖、钢化玻璃制品、塑料制品、电子产品、机械设备;加工:不锈钢板轧延
64	临海市佳豪日用品有限公司	浙江省临海市	塑料制品、五金配件、竹木制品、纺织制品、户外家具、太阳伞制造,货物进出口
65	惠州宏洁日用品制造有限公司	广东省惠州市	加工、生产、销售:塑料五金制品(不含电镀、铸造工序)、清洁工具;货物进出口、技术进出口;国内贸易
66	上海旺峰合金材料有限公司	上海市	合金材料,铝合金清洗用品,不锈钢材料,金属丝网,滤网,铝合金手柄拉丝模具制造、加工,铝合金制品及清洁用品的销售,从事货物及技术的进出口业务
67	无锡旺绿鸿纺织品有限公司	江苏省无锡市	生产民用百洁洗涤用品、工程用特种纺织品(针刺无纺布)、清洁用品
68	江门市新会区业鹏五金塑料制品有限公司	广东省江门市	销售:不锈钢马桶刷,五金塑料制品、金属材料、塑料原料;货物及技术进出口
69	无锡爱嘉易进出口有限公司	江苏省无锡市	窗刷、雪刷,针纺织品及原料(不含棉花、蚕茧)、服装鞋帽、服装辅料、金属材料、机电产品、橡胶制品、日用百货的销售;自营和代理各类商品及技术的进出口业务,但国家限定公司经营或禁止进出口的商品除外
70	江门市万达百洁布制造有限公司	广东省江门市	生产、销售:涤纶、尼龙百洁布,金葱布,过滤材料制品、化纤制品、海绵百洁布,海绵以及塑料制品

续表

序号	公司名称	所在地	主营业务
71	嘉兴市捷豪清洁用品有限公司	浙江省嘉兴市	塑料清洁用品(不含化工产品)、宠物专用品、儿童安全座椅、玩具、塑料制品、塑料零部件、箱包配件、模具、五金、家用电器配件的制造、加工、销售;从事进出口业务(国家禁止、限制经营的及危险化学品除外)
72	威海洁仕日用品有限公司	山东省威海市	牙刷、牙线棒、牙缝、刷牙线、日用品、服装、纺织品、轻工产品的加工、销售;钢制品、五金产品的销售;Ⅰ类医疗器械的生产、销售;备案范围内的货物及技术进出口
73	扬州华腾个人护理用品有限公司	江苏省扬州市	一类医疗器械、牙刷、牙线、牙线棒、牙缝刷、刮舌器、磨牙器、义齿器、单束刷、口腔镜、牙蜡、正畸套装制造、加工;塑料制品、口腔护理用品销售;自营和代理各类商品及技术的进出口业务
74	东莞市双知艺坊洁具有限公司	广东省东莞市	研发、产销:不饱和聚酯卫浴产品(马桶盖、浴缸、牙刷盒、香皂盒);产销:五金配件、货物进出口
75	广东浩宇清洁环保设备有限公司	广东省广州市	洗涤机械制造,鬃毛加工、制刷及清扫工具制造,环境保护专用设备制造,日用塑料制品制造;清洁用品批发,销售标识牌、指示牌、通用机械设备销售,电气机械设备销售,环保设备批发,塑料制品批发,日用器皿及日用杂货批发;厨房设备及厨房用品批发;清扫、清洗日用品零售;货物进出口(专营专控商品除外);技术进出口;道路货物运输
76	江门市新会区溢鹏金属制品有限公司	广东省江门市	生产、加工、销售:不锈钢马桶刷、五金制品、塑料制品及其配件;塑料喷涂加工;货物及技术进出口
77	珠海经济特区泓龙企业发展有限公司	广东省珠海市	电动牙刷的生产、销售。日用百货、五金交电、化工产品(不含化学危险品)、建材、电子计算机及配件、工业自动化成套专控设备的批发。经营珠海经济特区进出口业务(具体按珠外经贸生字〔2003〕60号文执行);一类医疗机械的批发、零售。根据《珠海经济特区商事登记条例》,经营范围不属登记事项
78	中山市弘田塑胶企业有限公司	广东省中山市	生产经营牙刷、模具。(上述经营范围不涉及外商投资准入特别管理措施;依法须经批准的项目,经相关部门批准后方可开展经营活动)

续表

序号	公司名称	所在地	主营业务
79	扬州市德兴进出口有限公司	江苏省扬州市	自营和代理各类商品及技术的进出口业务;玩具、服装、鞋帽、床上用品、饰品、箱包、纺织品、旅游用品、酒店用品、日化用品、一类医疗器械、塑料制品、橡塑制品、办公用品、文化用品、工艺礼品、五金工具、电线电缆、电子产品、照明器材、路灯、电脑及耗材销售
80	上海辉昊国际贸易有限公司	上海市	通信设备及相关产品、服装服饰、金属材料、建筑装潢材料、五金交电、机电设备、水暖配件、陶瓷制品、劳防用品、日用百货、工艺礼品(象牙及其制品除外)、文化办公用品、橡塑制品、汽车、摩托车配件、纺织原料、制冷设备、家用电器、电线电缆、卫生洁具、厨房用品、灯具、花卉、预包装食品(不含熟食卤味、冷冻冷藏,含酒,凭许可证经营)、茶叶、化工原料(除危险化学品、监控化学品、民用爆炸物品、易制毒化学品)、矿产品、化妆品的销售,从事货物及技术的进出口业务,环保设备、生物工程技术专业领域内的技术开发、技术服务、技术咨询、技术转让,投资管理,商务咨询,国际货运代理,仓储服务(除危险品),集装箱拼装拆箱
81	扬州乐友家庭用品有限公司	江苏省扬州市	家居用品、化工产品(不含危险化学品)、服装、服饰、机械设备及相关配套产品、五金工具、工艺礼品、饰品、纺织品、皮革制品、家用电器、纸制品、包装箱、通信产品销售及上述商品的进出口业务(国家禁止和限制经营的商品和技术除外),商务信息咨询服务
82	无锡信富得贸易有限公司	江苏省宜兴市	自营和代理各类商品及技术的进出口业务(国家限定企业经营或禁止进出口的商品和技术除外);日用百货、五金、文娱用品、体育用品、鞋帽、纺织品、服装、普通机械、化工产品及原料(不含危险化学品)、电气机械、土畜产品、工艺品、矿产品(除煤炭、石油制品)、电子产品、仪器仪表的销售;经济信息的咨询服务
83	南京柏思诺进出口有限公司	江苏省南京市	自营和代理各类商品和技术的进出口业务(国家限定公司经营或禁止进出口的商品和技术除外);家居用品、日用百货、运动用品、珠宝首饰销售

续表

序号	公司名称	所在地	主营业务
84	扬州市新华笔刷有限公司	江苏省扬州市	制造销售毛笔、画笔、各种工业用刷、日用刷、包装用品、塑料制品、口腔清洁护理用品;经营本企业自产产品及技术的出口业务、经营本企业生产、科研所需的原辅材料、仪器仪表、机械设备、零配件及技术的进口业务(国家限制公司经营和国家禁止进出口的商品及技术除外)、经营进料加工和"三来一补"业务、售电服务;场地租赁
85	扬州中宇进出口有限公司	江苏省扬州市	自营和代理各类商品及技术的进出口业务(国家限定公司经营或禁止进出口的商品及技术除外);经营进料加工和"三来一补"业务;经营对销贸易和转口贸易
86	武汉瑞世通家居用品有限公司	湖北省武汉市	工艺品(不含黄金饰品)、日用品、陶瓷品、机械设备、纺织品、服装的批发零售;"三来一补"业务、货物进出口、技术进出口、代理进出口业务(不含国家限制或禁止的货物进出口、技术进出口和代理进出口)
87	湖北美乐恩塑业有限公司	湖北省汉川市	塑料制品生产、销售;经营本企业产品及相关技术的进出口业务
88	武汉瑞特威家庭用品有限公司	湖北省武汉市	塑料制品、办公用品、五金交电、洗涤用品、化妆品、日用百货、家居用品、皮革制品、工艺礼品、电器、钢材、家具、服装批发兼零售;自营和代理各类商品及技术进出口业务(国家限定或禁止进出口的商品及技术除外)
89	博美嘉塑胶(深圳)有限公司	广东省深圳市	生产经营日用电器、口腔护理产品、塑胶制品、五金制品、模具、化妆品用具、厨房用具;货物及技术进出口(不含分销及国家专营专控商品)以上经营范围不含国家规定实施特别管理措施项目,涉及备案许可资质的需取得相关证件后方可经营
90	湖北皇冠家庭用品有限公司	湖北省武汉市	自营和代理各类商品和技术的进出口(国家限定公司经营或禁止进出口的商品和技术除外)

续表

序号	公司名称	所在地	主营业务
91	扬州汇利进出口有限公司	江苏省扬州市	经营和代理各类商品及技术的进出口业务,但国家限定公司经营或禁止出口的商品及技术除外(不另附进出口商品目录),经营进料加工和"三来一补"业务,经营对销贸易和转口贸易;机电产品、化工产品(不含化学危险品)、针纺织品、鞋帽服装、日用百货的销售与售后服务及前述产品销售中介服务
92	宾阳县颐雅家居用品有限公司	广西壮族自治区宾阳县	家居用品、日用百货、清洁用品、农副土特产品(仅限初级农产品)、纺织品、服装鞋帽、文化用品、机械设备(除特种设备外)、电子产品、工艺品、五金交电的生产、批发及零售;自营和代理一般经营项目商品和技术的进出口业务;经营各种租赁业务;许可经营项目商品和技术的进出口业务须取得国家专项审批方可经营
93	广西欧柏雷特日用品有限公司	广西壮族自治区南宁市	日用百货、食品(具体项目以审批部门批准为准)、家用电器、电子产品、饰品、办公用品、通信产品、安防产品、计算机的销售,从事商品和技术的进出口业务(除前置许可及国家禁止经营的项目)
94	清远市塑兴塑料制品有限公司	广东省清远市清新县	生产、加工、销售:拖把,清洁刷具,竹木制品,塑料制品;销售:拖把铁柄;货物进出口、技术进出口
95	山东美达佳清洁用品有限公司	山东省青州市	扫把、拖把、高粱草工艺品、草柳编工艺品、清洁用具加工、销售;塑料制品、五金工具销售,货物进出口
96	广东意洁实业有限公司	广东省广州市	日用塑料制品制造;鬃毛加工、制刷及清扫工具制造;棉纺纱加工;竹、藤家具制造;厨房用具及日用杂品零售;清洁用品批发;五金零售;货物进出口(专营专控商品除外);技术进出口;包装材料的销售

续表

序号	公司名称	所在地	主营业务
97	宾阳县颐雅家居用品有限公司	广西壮族自治区宾阳县	家居用品、日用百货、清洁用品、农副土特产品(仅限初级农产品)、纺织品、服装鞋帽、文化用品、机械设备(除特种设备外)、电子产品、工艺品、五金交电的生产、批发及零售;自营和代理一般经营项目商品和技术的进出口业务;经营各种租赁业务;许可经营项目商品和技术的进出口业务须取得国家专项审批方可经营(国家限定公司经营或禁止进出口的商品和技术除外)
98	梧州市日扬贸易有限公司	广西壮族自治区梧州市	农畜产品(谷物、种子除外)、五金交电、矿产品(国家专管除外)、建筑材料、工艺美术品、化工产品(危险化学品除外)、机械设备、纺织品、服装的批发、零售;自营和代理各类商品及技术进出口业务
99	北海凯兆贸易有限公司	广西壮族自治区北海市	土特产品、工艺品、珠宝首饰、服装服饰、五金交电、电子电器、机电产品(以上项目国家有专项规定的除外)、日用百货、海产品(未经加工的农(渔)业初级产品)、建筑及装饰材料销售;A、B、C、D级烟花类成品;C级爆竹类成品;自营和代理各类商品的进出口
100	汕头市英之郎塑胶实业有限公司	广东省汕头市	制造、加工、销售:塑料制品、塑料水杯、工艺美术品、不锈钢日用制品、家用电器;货物进出口、技术进出口(法律、行政法规禁止的项目除外,法律、行政法规限制的项目须取得许可后方可经营)
101	福建宁德侯泰清洁用具有限公司	福建省宁德市	生产扫把及辅助材料、刷子、卫生洁具等棕系列产品和针织马桶盖套、脚踏板及其弹簧铁丝,日用塑料制品(出口不含配额许可证管理品种)(未取得前置审批项目的批准文件、证件,不得从事该项目的生产经营)
102	惠州宏洁日用品制造有限公司	广东省博罗县	加工、生产、销售:塑料五金制品(不含电镀、铸造工序)、清洁工具;货物进出口、技术进出口、国内贸易。(法律、行政法规禁止的项目除外;法律、行政法规限制的项目须取得许可证后方可经营)

续表

序号	公司名称	所在地	主营业务
103	广西梧州凯纳贸易有限公司	广西壮族自治区梧州市	电子产品、化工产品(危险化学品除外)、农畜产品、机械设备、金属制品、五金交电、建筑材料、钢材、模具、塑料制品、工艺品、日用品的批发、零售;自营和代理各类商品和技术的进出口(国家限定公司经营或禁止进出口的商品和技术除外)
104	北流市好景日用塑料制造有限公司	广西壮族自治区北流市	塑料制品、竹制工艺品、木制工艺品、芒藤、草编工艺品、棉纱、棉制家居日用品、清洁用具、五金制品加工、销售;农副土特产品购销
105	温州马大棉制品有限公司	浙江省苍南县	棉绳、棉制家居日用品、塑料制品加工、销售;经营进出口业务
106	苏州德赛斯日用品有限公司	江苏省常熟市	日用百货、文具、办公用品、橡胶制品、塑料制品、不锈钢制品、铝合金制品、陶瓷制品、金属材料及制品、五金交电、婴儿用品的销售;经编织物的生产、销售;自营和代理各类商品及技术的进出口业务
107	无锡市裕润塑胶制品厂	江苏省无锡市	塑料洁具、橡胶洁具的生产及五金加工;经营本企业自产产品及技术的出口业务和本企业所需的机械设备、零配件、原辅材料及技术的进口业务,但国家限定公司经营或禁止进出口的商品及技术除外。(依法须经批准的项目,经相关部门批准后方可开展经营活动)
108	宜兴松鼠清洁用品有限公司	江苏省宜兴市	塑料、涤纶、毛制工艺掸帚和清洁用品的制造;自营和代理各类商品及技术的进出口业务(国家限定企业经营或禁止进出口的商品和技术除外)
109	四川鸿昌塑胶工业有限公司	四川省成都市	研发生产金属模具、塑胶模具、压模具、相关五金零件、一次性卫生用品(纸质饮具)及各类塑胶制品;销售本公司产品及其他相关塑料制品和日用百货;普通货运
110	宁波思维进出口有限公司	浙江省宁波市	自营和代理各类货物和技术的进出口,但国家限定经营或禁止进出口的货物和技术除外
111	武义佰旺工贸有限公司	浙江省金华市武义县	服装、箱包、不锈钢制品、拖把、家用电器、金属制厨用器皿及餐具、衣架、日用塑料制品、保温杯、纺织制品的制造、销售;包装装潢及其他印刷品印刷(凭有效许可证经营);货物进出口、技术进出口

续表

序号	公司名称	所在地	主营业务
112	宁波世家戴乐斯清洗用品有限公司	浙江省宁波市	清洁用具、塑料制品、金属制品、厨房用品、玩具、旗杆、服装制造、加工以及其他按法律、法规、国务院决定等规定未禁止或无需经营许可的项目和未列入地方产业发展负面清单的项目
113	惠州宏洁日用品制造有限公司	广东省惠州市博罗县	加工、生产、销售：塑料五金制品（不含电镀、铸造工序）、清洁工具；货物进出口、技术进出口；国内贸易。（法律、行政法规禁止的项目除外；法律、行政法规限制的项目须取得许可证后方可经营）
114	浙江贝特日用品有限公司	浙江省湖州市德清县	生产及加工室内晾衣器、室外晾衣架、室外家具，销售本公司生产的产品；竹木制品、日用品、塑料制品的批发及其进出口业务。上述商品进出口不涉及国营贸易、进出口配额许可证、出口配额招标、出口许可证等专项管理规定的商品
115	河南明新化妆用具有限公司	河南省鹿邑县	化妆刷的生产与销售；木柄、注塑柄、铝管生产销售；化妆海绵粉扑生产与销售；木材收购加工销售；动物毛、收购加工销售、尼龙毛生产与销售及相关的污水处理，本公司经营产品与技术的进出口业务
116	河南海新化妆用具有限公司	河南省鹿邑县	动物毛收购、加工、销售；化妆刷、化妆用具、刷料生产销售、化妆品购销、进出口贸易业务
117	河南鑫丽化妆刷制品有限公司	河南省鹿邑县	动物尾毛、毛发制品收购、加工销售；化妆刷、油漆刷加工销售，货物和技术的进出口业务
118	河南大新化妆用具有限公司	河南省鹿邑县	化妆刷的生产与销售；木柄、注塑柄、铝管生产与销售；化妆粉扑生产与销售；木材收购、加工与销售；动物毛收购、加工、销售；尼龙毛生产、销售，本公司经营的产品与技术进出口业务
119	鹿邑县迪雅思化妆用具有限公司	河南省鹿邑县	动物毛、动物毛产品收购、加工、销售；尼龙毛、刷柄、口管、毛刷、粉扑、刷料制品、化妆用具加工、销售。货物或技术进出口
120	鹿邑县亿鑫源毛业有限公司	河南省鹿邑县	动物毛、绒、化妆用具、木制品、尼龙毛加工、销售，进出口贸易业务；农副产品收购、销售
121	江苏白鹭刷业有限公司	江苏省扬州市	牙刷、拖鞋、机械设备、宾馆酒店一次性旅游用品（不含化工产品）制造、加工；自营和代理各类商品及技术的进出口业务（国家禁止和限制的商品及技术除外）；纸制品生产、销售

续表

序号	公司名称	所在地	主营业务
122	扬州市龙江进出口有限公司	江苏省扬州市	油画笔、油漆刷、化妆刷、画材、绘画材料、文具类产品及其辅助材料的销售,自营和代理各类商品和技术的进出口业务
123	苍南县方舟家居用品有限公司	浙江省温州市苍南县	清洁用具、棉纱、拖鞋、纺织品、服装、陶瓷制品、箱包、手提袋生产、销售,经营进出口业务等
124	南通新帝克单丝科技股份有限公司	江苏省南通市	合成纤维、针纺织品及原辅材料生产、销售;化纤技术开发;服装及原辅材料、电器设备、普通机械及配件加工、销售;印染助剂、工艺美术品、珠宝、纺丝用防腐剂及油剂销售;自营和代理上述商品的进出口业务(国家限定公司经营或禁止进出口的商品除外)。(经环保验收合格后方可生产)

注:表中广交会刷类及清洁用具部分参展商主营业务涉及国家法律、行政法规、产业政策、国务院决定禁止的项目不得经营,属国家法律、行政法规、产业政策、国务院决定限制的项目需取得审批或许可后方可经营。

附录三　典型刷业企业介绍

1. 宁波市伊司达集团有限公司

(1) 公司基本概况

宁波伊司达集团有限公司旗下子公司(伊司达洁具、伊司达环保机械、毕士达智能马桶)是集专业清洁用品、园林电动工具的设计和智能马桶开发、制造、销售于一体的综合性企业,创立于1988年,是中国清洁用品十强企业。产品凭着过硬的质量和良好的信誉,远销欧美,在国内主要大中城市设有总代理,员工近千人。

(2) 企业性质、组织架构及企业文化

宁波伊司达集团有限公司是一家私营有限责任公司(自然人控股或私营性质企业控股)。公司有董事长、副董事长、董事及监事八个主要成员,四个投资方,五家对外投资公司并下设多个分支机构。企业文化丰富,伊司达的愿景是成为能够拥有卓越产品的全球化百年企业,伊司达的使命是用最好的产品让生活更轻松美好,伊司达的价值观是诚信敬业,团结合作,学习进取,爱心亲情。

(3) 企业产品结构与国内外市场销售情况

企业主要经营产品包括海绵擦、清洁用品、拖把、刮水齐、洁具、拖布、窗刷、雪刷、汽车护理用品等。经营范围集中在普通货运服务(凭有效许可证件经营)卫生洁具、玩具、装潢五金、渔具、针织服装的制造、加工、研究、开发;洁具氧化加工;自营或代理货物和技术的进出口(国家限制经营或禁止进出口的货物和技术除外)。企业产品结构多元化,产品在国内外市场均占有较大份额。

(4) 品牌与核心竞争力

拥有300多项国家专利,是多项国家行业标准的主要制定单位。作为中国大型清洁用品生产制造商和供应商之一,在国内外广大消费者中享有较好的声誉和拥有较高的知名度。拥有自营进出口权,具有较强生产能力和严格健全的质量保证体系,符合国际认证水平。30年来,伊司达人一直致力于清洁用品的研发、制造和销售。公司凭着严格的质量管理和优良的制造工艺,产品远销美、澳、日、欧等多个发达国家,在国际市场享有良好的声誉及口碑。在国内拥有多个荣誉称号,产品深受老百姓的喜爱与认可。公司还设立了1000万元的"伊司达慈善扶贫基金",用于助老助困助学。基金会成立多年来,目前已资助200多位学子重返校园,同时还资助了困难群众1000多户。在全国各地捐资建造爱心学校8所。

(5) 企业荣誉

企业创办至今,多次荣获专利示范企业荣誉称号、高新技术企业称号、浙江省诚信企业、平安示范企业、AAA守合同重信用单位等。拥有"中国驰名商标""浙江省名牌产品""浙江省著名商号"和"浙江省十佳感动民工好企业"荣誉称号,是清洁用品《国家轻工行业标准》制定单位。其中2015年分别荣获浙江省知名商号、浙江出口名牌及华交会创新奖。2016年宁波环保机械股份有限公司新三板上市,伊司达商标"EAST"被延续确认为浙江省著名商标。2017年分别参与《清洁刷 地刷》行业标准制定工作,《清洁刷 厨房用刷》轻工行业标准制定工作。2018年被评为中国清洁用品十强企业。

2. 宁波兴宝华刷业有限公司

(1) 公司基本概况

宁波兴宝华刷业有限公司前身是成立于1995年的宁波保华工业刷有限公司。公司位于浙江省宁波市宁海县科技园区。是一家集工业刷研发、生产、销售于一体的中外合资企业,是中国乃至东南亚最大的专业从事工业刷的制造和研发基地。目前公司占地面积53340平方米,员工300余人,年产值1.5亿元,在上海、广州、武汉、鞍山等多个城市设有办事处。在德国成立了全资子公司,在美国也有办事处。

(2) 企业性质、组织架构及企业文化

宁波兴宝华刷业有限公司是一家中外合资企业。公司有董事长、副董事长、董事及监事四个主要成员,下设多个分支机构。公司始终保持着"品质优越、诚信为本"的理念,以先进的管理理念,科学系统的管理方法,灵活的机制,不断创新,与时俱进,为大家提供高质服务。

(3) 企业产品结构与国内外市场销售情况

公司产品广泛应用于冶金、汽配、纺织、五金、水果加工、造纸机械等行业，现公司已有工业刷种类2000余种，主营产品或服务包括钢丝轮刷、各种工业刷、刷辊、毛刷、通道刷、管子刷、微型刷、笔形刷、条刷、套刷、异性刷、圆形钢刷、扭丝轮刷、抛光轮刷、除锈钢丝刷、磨料丝轮刷、高速杆平刷、尼龙杆平刷、去毛刺研磨刷、圆形钢丝刷、工业级孔平刷、碗形防爆刷。主要销售区域为全国、西欧、东欧、日本、北美、南美、中东、东南亚、浙江、江苏、上海、北京，产品出口欧洲、美洲、中东、东南亚、澳洲等40多个国家和地区，在世界市场上享有良好的声誉。公司月产量达1千万只，年营业额为1亿元以上，其中，年出口额为10万元以下。

(4) 品牌与核心竞争力

多年来通过积极引进国外的设备和吸收国外先进技术，公司的技术实力和生产能力已位居行业领先地位。公司引进德国Whoeler公司和沙朗斯基公司先进的制刷设备，投资总额近5000万元，成为目前国内设备自动化程度最高的制刷公司。公司是宁波市高新技术企业，是中国工业刷的领军企业。现有注册商标3个，专利21项。另外，还先后通过ISO 9001:2008质量管理体系认证和ISO 14001:2004环境管理体系认证。

十几年来，通过不断引进先进技术和设备，以及全体员工的不懈努力，公司已然成为国内工业刷行业的领军者。同时产品还远销到欧洲、美洲、中东、东南亚、澳洲等40多个国家和地区，在世界市场上也享有很高的声誉。兴宝华的目标是稳固国内领导品牌，打造国际竞争力品牌。公司技术团队在刷具的设计和应用领域方面具有丰富的经验，将经验融于生产，优化生产工艺，确保了产品的高品质，更好地满足了客户的需求。公司现有工业刷2000余种，广泛用于钢铁、纺织、汽车、造船、航天、军工、机械加工等各个行业。

(5) 企业荣誉

宁波兴宝华刷业有限公司有完善的质量保证体系，主要通过第三方进行质量评估，获得了所有合作伙伴的高标准质检及认可。为开拓市场，实现互惠互利，公司本着"不争价格最低，但求质量最好"的原则，竭诚为国内外用户提供优质的产品及诚信的服务。1996年和1997年均被宁海县人民政府评为效益型企业。1998年被宁海县国家税务局评为纳税大户。1999年被宁波资信评估委员会评为资信等级AA级，2000年被宁波市科委技术委员会评为宁波市CAD应用工程重点推广企业。2002年被中国外商投资企业协会（CAEFI）评为全国"双优"奖。2011年被宁海县科学技术局评为县级科技型企业、2012年被宁海县科学技术局评为专利示范企业和县级企业工程（技术）中心。2014年分别被宁波市人民政府办公厅、浙江省环境保护厅、宁波市科学技术局评为宁波企业技术创新团队、浙江省清洁生产阶段性成果企业、市级科技型企业。

3. 安徽环美刷业有限公司

（1）公司基本概况

安徽环美刷业有限公司坐落在国家AAAAA级名胜风景区天柱山脚下,地理环境优越,交通便利,距合九铁路和沪蓉高速公路不到20千米。公司始建于1994年,从作坊式工厂生产机械扫路刷,发展成初具规模的制刷企业。现拥有员工98名,其中有中高级职称技术人员及管理人员22名;制刷专用设备45台套;两个生产基地:潜山工业区制刷工厂、源潭工业区制刷工厂,总占地面积1.5公顷,建筑面积1.3万平方米,年生产能力达5000万元。

（2）企业性质、组织架构及企业文化

安徽环美刷业有限公司是一家有限责任公司,公司由三人共同投资建立,公司坚持质量至上,用户至上为宗旨,坚持以市场为导向,以创新为动力,以质量求生存,以发展求壮大的经营理念,真诚的与全球客户合作,携手并进,共创更加美好的明天。

（3）企业产品结构与国内外市场销售情况

安徽环美刷业有限公司是刷子、毛刷、工具刷的优质生产制造厂家,公司主要产品包括各种机械扫路刷、扫雪刷、护栏刷、机场跑道刷、农场按摩刷等,各种PP丝,PVC/PBT等塑料丝,以及各种型号钢丝及扁钢丝等。主要市场为东北、港澳台、华北、华东、华南、华中、西北、西南。公司年销售额在500万—700万元。年出口额为人民币1001万—2000万元。

（4）品牌与核心竞争力

公司在2011年就引进了德国Woehler公司当时最为先进的制刷设备,为适应市场需求,提高产品质量,2016年2月,公司又投入300万元引进了意大利BORGHI公司的自动化制刷设备和技术,同时又和华中科技大学合作,现已形成了产、学、研以及内、外贸易为一体的生产经营模式。公司将以德国Woehler公司最先进的制刷设备和技术,以质量第一、用户至上为宗旨,真诚与全球客户合作,携手并进。

（5）企业荣誉

2014年5月5日至9日,环美刷业成功参加德国环博展,展会期间积极和国外客户进行有效交流,同时和国际制刷企业韦伯、赛加进行技术上交流,互相学习。8日参观了在荷兰阿姆斯特丹举行的国际清洁站,为公司正在制作洗地机刷盘项目找出差距,同时参观期间对客户进行了拜访。

4. 安徽省潜山县亿达刷制品有限公司

（1）公司基本概况

安徽省潜山县亿达制品有限公司位于中国毛刷之乡——安徽省潜山市源潭镇，是一家专业的工业毛刷生产商。成立于2006年，员工人数为51—100人，注册资金500万元，是一家集设计、生产、销售为一体的制刷规模企业。

（2）企业性质、组织架构及企业文化

安徽省潜山市亿达制品有限公司是一家私营有限责任公司。公司企业文化为大力培育和弘扬"团结、忠诚、务实、创新"的企业精神、"专业铸就品质，创新决定未来"的企业理念和"专、精、特、新"的科技创新理念。企业文化包括：专业专心专注，质优品优价优；以质量为生命，以客户为中心，以创新求发展；用质量打造精品，用精品树立品牌，用品牌创造效益；态度决定高度，细节关乎成败。

（3）企业产品结构与国内外市场销售情况

亿达制品有限公司产品型号规格齐全，主要生产工业机械用异形毛刷，毛刷辊，毛刷盘，毛刷带，不锈钢弹簧绕圈毛刷、毛刷辊，橡胶辊，聚氨酯弹性胶辊，海绵吸水辊，以及各种民用刷，如奶瓶刷、玻璃杯清洗刷、试管刷、滚筒刷、墙刷、油漆刷等。产品广泛应用于：① 食品饮料业：各种切菜机毛刷、蘑菇清洗机毛刷、毛发去杂毛刷、洗果机毛刷。② 纺织印染业：各种定型机毛刷轮、针板、链条、布夹、烧毛机毛刷、磨毛机毛刷、刷毛机毛刷、精梳机毛刷、细纱机毛刷皮革。③ 鞋业：磨皮机毛刷、削肉机毛刷、抛光毛刷、打粗机铝棕轮，打磨机马毛轮，羊毛轮，猪鬃轮，涂胶用太阳刷，抛光用棉布轮，棉布片，过粉机毛刷。④ 木工家私业：砂光机毛刷、抛光布轮、棕刷。⑤ 环保业：各种扫路车毛刷、洗地机毛刷。⑥ 玻璃业：清洗机毛刷、磨边机毛刷。⑦ 电子业：吸水海绵滚轮、不织布刷辊、金手指研磨轮、毛毡型刷辊、火山灰刷辊、压力毛刷、通条刷（试管刷）等。⑧ 民用刷：奶瓶刷、玻璃杯清洗刷、试管、宠物刷、按摩刷、烧烤炉刷、浴刷、不锈钢卫生刷、马桶刷、海绵窗刷、鞋刷、衣刷、滚筒刷、墙刷、油漆刷、汽车刷、雪刷。⑨ 产品适用于织印染机核、食品清洗、金属深加工、仪器深加工机械、建材、木业、皮革制鞋业、电子工业、钢材预处理等。

（4）品牌与核心竞争力

公司拥有多年的毛刷设计、开发经验，拥有OEM生产经验和现代化的生产设备。近年来，公司凭借其卓越的产品质量和诚信经营，已成为国内众多企业的毛产品供应商，深受客户信赖。同时，公司可按照客户提供的图纸、实物样板设计定制各类毛，解决了进口设备更换部件费用高且时间长的难题。工厂有专业的技术人员为客户提供各种咨询服务，并能够为客户提供最佳的解决方案。工厂通过充分整合当地资源，加强与上游产业、协作单位及物流服务上的合作，并不断完善内部管理。实现以更具有竞争力的价格、更如优秀的品质和更完善的售后服务真诚对待各地客户。

(5) 企业荣誉

公司在2014年到2016年均被评为十佳企业,公司连续多年被当地政府评选为优秀纳税单位、十大优秀民营企业,目前公司还是安徽省刷业商会常务副会长单位,经过多年的发展,公司已经成长为一家实力雄厚、经验丰富、行业领先,深耕于毛刷产业的知名公司。拥有意大利、德国进口设备,生产设备和制作技术处于同行业领先地位。

5. 安徽三和刷业有限公司

(1) 公司基本概况

安徽三和刷业有限公司是一家专业从事系列工业和民用刷及异型刷、辊刷、条刷和弹簧刷,制刷材料及其配套产品生产、研发、销售的多元化民营科技企业。公司现总占地面积50亩,拥有总资产2560万元,在职员工120余人。

(2) 企业性质、组织架构及企业文化

安徽三和刷业有限公司是一家私营有限责任公司。公司由执行董事和监事构成。质量是企业的生命,公司在不断提高产品质量的同时,注重产品可靠性和适应性的研究,想用户所想,急用户所急,力争为每一位客户都能取得良好的经济效益和社会效益,以取得双赢的大好局面。

(3) 企业产品结构与国内外市场销售情况

公司主要生产各类进口和国产机械配套的耐磨、耐高温、耐酸碱,抗静电等异型毛刷、刷辊、刷盘、刷带、刷条。适用于玻璃清洗、钢(铜)带抛光及脱脂清洗、汽车压缩机动力、制药、电子、包装、印刷、家电、家具、卷烟、食品、饮品、水果、蔬菜、环卫环保、纺织印染等行业产品的清洗、除尘、抛光、密封、吸水、美理和高温下带材输送。产品达到同类进口品质,是各业各界的最佳合作伙伴。主要市场为大陆、港澳台地区、北美、南美、西欧、东欧、东亚、东南亚、中东、非洲、大洋洲。月产量15000根,年营业额为700万—1000万元,年出口额为50万—100万元,年进口额为10万—30万元。

(4) 品牌与核心竞争力

安徽三和刷业有限公司是一家专业生产工业毛刷的大型企业,集设计、研制、生产、销售为一体,拥有最先进的德国制刷机械和自主研制的制刷设备。具有设备先进、技术力量雄厚、品种齐全、工艺精良等优势,尤以设计研制新、异、特型工业刷为强项。公司自2004年成立以来,积极致力于"人才工程"的实施,技术人才从无到有、从有到专,矢志不移地打造出一支门类齐全、素质过硬的员工队伍。拥有自主知识产权的"晟三和"牌条刷、弹簧刷等系列工业用异型刷制品,畅销国内各省、市、自治区,并出口至中东、欧洲等地区,深受用户青睐。公司先后通过ISO 9001:

2008国际质量管理体系认证、ISO 14001—2004环境管理体系认证、GB/T 28001—2001职业健康安全管理体系认证。目前已注册3个商标,申请了27个专利。作为民营多元化科技企业,其净资产、产值、利税等主要经济技术指标始终保持逐年稳定增长态势,在同行业中处于举足轻重的地位。

三和刷业在引进国外先进技术的基础上,结合国情,采用先进技术和优质材料,生产的高质量毛刷产品销往全国各地,并远销国外市场。由于设备技术先进,性能可靠,生产出的各类毛刷产品外形美观,质量优良,因而备受用户青睐。公司承诺:"质量第一、信誉第一、竭诚服务";注重产品质量,以用户满意服务为宗旨,多次受到国家、省市有关部门的表彰和资金支持!

(5) 企业荣誉

公司历年来荣获县委、县政府"纳税进步奖",被镇党委、政府评定为"先进企业"。2010年被省工商行政管理局评定为"守合同重信用"企业,被省科技厅评定为"安徽省民营科技企业"。获证书荣誉9项。

6. 安徽玉达工具有限公司

(1) 公司基本概况

安徽玉达工具有限公司(前身为安徽省玉桐制刷有限公司),坐落于山清水秀的安徽省刷业基地——桐城市范岗镇,毗邻206国道,依傍千亩原生态湖泊,环境优美,配套完善,交通便捷。玉达公司旗下有品牌"玉桐"制刷、"玉达"涂刷工具等,是行业闻名、国内最大,集技术研发、生产销售、服务于一体的实力型制刷企业。2012年6月公司搬迁至玉达生产园区,占地125亩,规模宏大、设备进口、管理现代化。

(2) 企业性质、组织架构及企业文化

安徽玉达工具有限公司是一家私营股份有限公司。由总经理统筹管理产品开发、国内销售、国外销售生产管理以及财务和员工管理;研发部以及包装部负责产品开发,玉达品牌部和玉桐品牌部负责国内销售,海外市场部负责国外销售,生产管理包括生产、采购、质检、仓库和物流。企业宗旨是厚德立业,敬天爱人。持厚德载物之志,怀感恩谦逊之心。崇尚自然,热爱人类,热爱事业,热爱社会。企业价值观是仁信合作,利益共赢。企业精神是敬业爱岗,真诚奉献,追求卓越,共创辉煌。

(3) 企业产品结构与国内外市场销售情况

安徽玉达工具有限公司主要生产经营"玉桐"牌和"玉达"牌油漆刷(油性漆刷、水性木器漆刷、除尘防腐漆刷、防水砂浆刷)、滚筒刷、渍漆刷、猪毛猪鬃刷、水漆丝刷等,配套生产砂纸架、万向持刷器和纸等。业务遍及全国所有省份和地区,部分产品远销欧美。现公司年产量达4000万把,年营业额达3000万—5000万元,年出口额达700万—1000万元/年。

(4) 品牌与核心竞争力

安徽玉达工具有限公司是行业闻名、国内最大的实力型制刷企业,拥有多项专利产品,知识产权达100多个,多条先进生产线,制刷技术处于国内领先水平。园区拥有自己独立的核心技术研发车间、现代化设备工艺车间、手工艺车间等,制刷工艺更趋完美精细。现公司年产量达4000万把,产品供不应求,产品质量成为行业标准。公司管理方针是:精益求精,争创一流品牌;仁诚至信,超越客户期望。员工欣赏,客户满意,大力推进全员参与经营,这才是品牌产品实现其价值的真实过程。在这里,每一位员工都是每道工序最有权威的建议者,每位客户都是产品需求和使用过程的真实回馈者。为使客户满愿,每开发一件新产品,在上市之前都会通过反复实验,并在第一时间根据客户建议进行改进,力求创造出客户最贴心的产品,超越客户期望。

7. 保定英特盛鬃刷制造有限公司

(1) 企业基本概况

保定英特盛鬃刷制造有限公司于2015年4月7日成立,注册资本金1400万元,位于河北省保定市清苑区园区路32号,是一家集产、学、研一体的民营股份制企业,主要从事鬃刷、纤维丝及相关机器设备制造、销售,猪鬃、马尾、细尾毛加工、销售;办理货物进出口业务,开发及相关机械设备的研发、生产和销售。

(2) 企业性质、组织架构及企业文化

保定英特盛鬃刷制造有限公司的公司性质是民营股份制企业,公司采用直线职能型组织结构,总经理下设两名副总经理分别主管营销和生产,下设多个职能部门,公司以"团结、合作、创新、发展"为经营理念,专注研发生产加工制作各类规格刷业,倾心打造制刷行业高品质品牌。

(3) 企业产品结构与国内外市场销售情况

保定英特盛鬃刷制造有限公司是由制鬃车间、拉丝车间、制刷车间等组成的综合性生产工厂,配套设施齐全。公司主要生产各种猪鬃、化纤丝、马尾、油漆刷、水漆刷、食品刷、除尘刷、扫地刷、茶具刷、艺术刷、汽车刷、鬃刷及制刷自动化机械等产品,公司以其产品结构多样化、个性化的优势满足了国内外市场的多元化需求。目前公司拥有分布在全球各地的忠实客户达到160余家。

(4) 品牌与核心竞争力

保定英特盛鬃刷制造有限公司经过近几年的发展,不断地秉承清苑制鬃百年的技术,并在传统工艺和标准基础上提炼精华为己用,与当地几十家中小企业配套联合资源共享,建立了产品科技开发机构鬃刷技术研究室,多年的研发铸造了一支专业的技术队伍和资深的制鬃制刷的专业科研人才,技术实力雄厚。公司已开发新产品1586个,现有注册商标"英特盛YTS""油菜花""长城"等10余个,公司正在积极筹建自己的品牌实力,以提高核心竞争力。

(5) 企业发展面临的风险及发展前景

保定英特盛鬃刷制造有限公司虽然目前发展态势迅猛,但是也面临着诸多风险和挑战。首先,研发和市场后劲不足。其次,原材料和人力成本的双双上涨,制作刷业的猪鬃、纤维丝、刷柄等原材料不断上涨,公司的生产现代化程度不高,大部分还是需要人工来完成,随着人工成本的增加也给公司带来利润上的考验。

尽管面对着以上以及其他不可预知的风险和挑战,但是公司对风险和困难进行积极应对,公司的发展前景还是很广阔的,首先,公司在全球具有稳定的客户要在巩固住老客户的同时要积极主动开拓新的客户;其次,"国家对环保的严格要求"对于公司来说是挑战也是机遇,公司认为未来的生存空间会越来越大,所以公司要更加规范化经营;再次,公司拥有刷丝的生产线,要紧紧依靠这项工艺技术做深做细做强,改进生产工艺技术,生产高质量、高附加值的产品,积极拓展高端品牌市场。

(6) 影响企业进一步发展的因素

保定英特盛鬃刷制造有限公司在今后的发展道路上有以下影响因素:

经济因素方面:① 国家对知识产权的保护,逐步改善了营商环境,对于增加企业信心、增强投资意愿具有重要作用。② 贸易战对公司来说是一个不小的挑战,从宏观经济层面看,经贸摩擦一定程度上增加了我国经济的外部风险和下行压力。③ 从企业层面看,经贸摩擦对部分外向型企业有冲击,可能带来成本增加。企业只有坚定不移地发展自己,做好自己的事情,并在国家经济政策的调控之下才能最终克服这个前进路上遇到的困难。

技术因素方面:科技创新是引领发展的一切动力,国家把创新驱动发展作为核心战略,提出了一系列新思想新论断新要求,公司要借乘国家科技的东风,充分释放创新活力,抓住公司目前科技创新的突出优势和薄弱环节,扬长避短、补短,推动公司科技创新呈现新局面。

(7) 企业荣誉

保定英特盛鬃刷制造有限公司自成立至今获得了政府及鬃刷行业以及社会各界的高度评价和认可,连续荣获:中国鬃刷明星企业、中国日用杂品工业协会颁发的"团体会员证书"、中国日用杂品工业协会制刷专业委员会"制刷明星企业"、百佳私营企业、河北省信用优秀企业、保定市人民政府颁发的"重合同守信用单位"、保定市"十大出口创汇私营企业"、保定市农业产业化"重点龙头企业",以及保定市技术监督局颁发的产品质量信得过企业、河北省金融系统颁发的AA级信用企业;"永泰兴"商标也取得了河北省著名商标称号,公司在2017年还荣获了中国轻工业刷类及清洁用品行业十强企业的称号。

8. 扬州晟隆塑料制品厂

（1）公司基本概况

江都市晟隆塑料制品厂位于江苏省江都市，坐落于中国历史文化名城——扬州，成立于2006年，是毛刷制作、五金加工为一体的公司。公司员工200人左右，厂房面积达2200平方米。

（2）企业性质、组织架构及企业文化

江都市晟隆塑料制品厂为个人独资企业。公司秉承"顾客至上，锐意进取"的经营理念，坚持"客户第一"的原则为广大客户提供优质的服务。

（3）企业产品结构与国内外市场销售情况

公司专业从事各种PBT磨尖丝、PET＋PBT磨尖丝、PET单丝、PBT单丝、PBT锥形丝、猪鬃磨尖丝掺配、猪鬃等生产，采用先进高端设备加工，产品广泛应用于家电毛刷附件、超市清洁用品、宠物用品、皮革鞋业、化妆用品、电子防静电、线路板清洁、扫路车用毛刷、玻璃清洁机械、金加工表面处理抛光、线材清洁等方面。主营产品包括磨尖丝、磨尖掺配丝、猪鬃、仿猪鬃、仿羊毛、油化刷丝、猪鬃混合掺配。月产量为4万千克。主要销售区域分布在华东地区、华南地区、华中地区、华北地区、西北地区、西南地区、东北地区、港澳台地区、海外市场。年营业额达501万—700万元，年出口额达20万—300万元，年进口额为50万—100万元。

（4）品牌与核心竞争力

公司有着品种最齐全的设备，能最大范围满足客户的需求。依靠先进的设备、雄厚的技术力量，能高质量、高效率地完成各项特殊、复杂的客户需求。可满足各类进口设备毛刷配件国产化的需求，更可按客户提供图纸或按需求提供设计、定制，竭尽全力满足客户的需求。

9. 常州睿晟机械有限公司

（1）公司基本概况

常州市睿晟机械有限公司是生产和销售各型塑料挤出单丝机组的专业厂家，公司位于经济发达的长江三角洲中心城市——江苏常州。公司厂区紧邻京沪高铁、常州机场及沪宁高速。

（2）企业性质、组织架构及企业文化

常州市睿晟机械有限公司是一家有限责任公司（自然人投资或控股）。公司由执行董事及监事构成。公司以"诚信经营、追求卓越"为经营理念，注重产品研发和技术加工工艺，致力于为全世界单丝生产企业提供质优价廉的成套机器。

（3）企业产品结构与国内外市场销售情况

公司主要生产单丝机、圆丝机、人造草坪拉丝机、拉链单丝机、尼龙单丝机、刷丝单丝机、钓鱼线单丝机、聚酯托幕线、圆丝拉丝机、塑料圆丝机、工业网丝机、聚酯单丝机、涤纶单丝机、锦纶单丝机、过滤网单丝机、压膜线机组、输送带专用丝机、粘扣带单丝机、聚丙烯单丝机、聚乙烯单丝机、造纸网单丝机、特种单丝机、PET单丝机、PA单丝机、PP单丝机、七辊牵伸机、单丝收卷机。

（4）品牌与核心竞争力

睿晟机械是一个拥有专业化、年轻化团队的积极进取型制造企业,专业生产各类塑料圆丝、扁丝、异型丝等拉丝机组。企业以前瞻创新研发科技与精湛完美机械加工工艺为基础,力求打造行业内顶级品牌及完美品质。一直以来,公司致力于向全球单丝机用户提供一流的、高品质的机械成套设备。如今在倡导环保节能为主导的经济背景下,公司一如既往地走在行业的最前端,通过其数十年精湛的加工工艺与研发创新的技术相结合,为广大用户提供高效、节能、成本节约型整机系统方案选择。在当今全球倡导节能环保,发展低碳经济的趋势下,公司一如既往地走在行业的最前端。

（5）售后服务及人员培训

① 售后服务。公司对销售设备实行"三包":至客户现场调试合格之日起十二个月。公司对所提供设备实行终身保修,定期回访和技术交流,帮助买方解决生产中重大疑难问题,共同维护设备,以确保设备长期保持良好的运行状态。后期设备技术升级,对产品有重大提升的,公司会及时通知客户,为客户免费升级。机器运行过程中如遇异常情况,卖方会提供专业技术人员电话咨询,接报修电话2小时内予以答复。电话答复后还不能解决,卖方承诺江、浙、沪24小时内到达客户现场,其他省市36—72小时到达现场,帮助客户及时解决出现的故障,使设备达到正常运行的要求。整机及部件:调试结束之日起12个月内所有机械件损坏全部以旧换新,电器件6个月。三包期后的配件按市场价销售,实行比价退差。

② 人员培训。公司提供多名机械和电器维修人员现场装配培训,买方技术人员全程参与采购设备的部段、整机安装,熟悉整套设备机械与电器原理,直至设备安装并调试结束。这样的方式再配合使用说明书,对今后设备到达买方工厂,自行维修有极大帮助,在卖方工厂培训期间食宿费用由卖方全额承担。设备到达买方现场,公司将派出一名有资质的技术调试工程师(机电一体化)。

参 考 文 献

[1] 波特.国家竞争优势[M].李明轩,邱如美,译.北京:华夏出版社,2002.
[2] 徐维,操璐婷,黄飞.安徽省潜山县源潭镇刷业发展调查[J].安庆师范学院学报(社会科学版),2010,29(5):48-50.
[3] 郑炎贵,操知璇.潜山源潭:小品大业"刷"新路[J].决策,2015(5):4-5.
[4] 丁雨洁,陈婉约,郑飞鸿.特色小镇建设的公共政策现状分析及优化路径:以安徽省源潭刷业小镇为例[J].北方经贸,2019(9):132-134,137.
[5] 王先结,操知璇."小刷子"做靓"小城镇":潜山县源潭镇"产城融合"发展之路[J].决策,2014(9):10-12.
[6] 李志强.特色小镇"全域化"生态治理:政治语境、系统建构与政策路径:基于苏浙案例的分析[J].城市发展研究,2018(2):100-110.
[7] 庄晋财,卢文秀,华贤宇.产业链空间分置与特色小镇产业培育[J].学习与实践,2018(8):36-43.
[8] 卢梅,童兴娣.特色小镇与其特色产业的耦合协调发展研究[J].商业经济研究,2019(5):166-170.
[9] 方叶林,黄震方,李经龙,等.中国特色小镇的空间分布及其产业特征[J].自然资源学报,2019,34(6):1273-1284.
[10] 李军,李志刚,张元桥,等.刷式密封技术的研究进展[J].航空发动机,2019,45(2):74-84.
[11] 胡亚昆,刘春雨,李轶璠.浙江特色小镇建设典型经验及启示[J].宏观经济管理,2020(9):36-40.
[12] 肖辉.特色小镇建设中知识产权保护的路径及对策[J].河北学刊,2022,42(1):209-216.
[13] 王坤,贺清云,朱翔.新时代特色小镇与城乡融合发展的空间关系研究:以浙江省为例[J].经济地理,2022,42(8):72-80.
[14] 李光龙,黄琼.财政分权对中国产业发展水平影响效应研究[J].江淮论坛,2018(5):57-63.
[15] 李光龙,周云蕾.环境分权、地方政府竞争与绿色发展[J].财政研究,2019(10):73-86.
[16] 李光龙,梅婷婷.财政分权、节能环保支出与经济增长[J].天津商业大学学报,2021,41(2):39-44.
[17] 滕小青.兰溪市刷业业务流程优化的模式研究[D].杭州:浙江工业大学,2007.
[18] 吴波.安徽省桐城市制刷产业集群发展与升级研究[D].合肥:安徽大学,2011.
[19] 吴金河.油漆刷自动化生产线中刷毛植入技术研究[D].徐州:江苏师范大学,2018.

后 记

为全面分析中国刷业发展现状,系统总结中国刷业发展经验,促进中国刷业高质量发展,更好更快"刷亮中国""刷净世界",致力于刷业发展研究的同仁走到一起,编写了这部著作。当书稿完成时,我们感到的不是欣慰和轻松,而是惶恐和压力,因为时间之仓促,能力之有限,本书能否达到指导实践的目标?但我们本着贴近实际、贴近工作、贴近基础的原则,本着服务社会、引导发展的目标,认认真真斟酌全书的篇章结构,兢兢业业琢磨观点和建议的表达。

本书共分上、下两篇,共19章,李光龙负责全书篇章结构和研究内容的总体设计。全书各章具体人员分工如下:第一、二、三章,王三兴;第四、十、十二、十三、十六、十七、十八、十九章,方杏村;第五章,许文立;第六章,杨仁发;第七章,张治栋、方兴;第八、九章,王玥、李光龙;第十一、十四、十五章,朱天明。

本书的完成凝聚着安徽生态与经济发展研究中心集体的智慧和心血。在此,要特别感谢安徽省发展改革委徐斌处长、李全军处长,合肥工业大学张本照教授,安徽建筑大学段宗志教授,安徽大学经济学院田淑英书记、华德亚副院长,源潭镇原党委书记余金苗、原镇长赵伟、原副镇长朱劲松,源潭镇建设分局朱少峰局长,中国日用杂品工业协会刷类及清洁用具分会陈锋秘书长等为本书的修订工作付出了辛勤劳动。

本书编写过程中,参阅了许多专家学者的研究成果,引用了相关网站的部分文献资料,借鉴学习了很多企业家的观点看法,在此一并致谢!由于时间和精力有限,本书的缺点在所难免,恳请广大读者给予批评指正。

编 者
2022年4月

彩 图

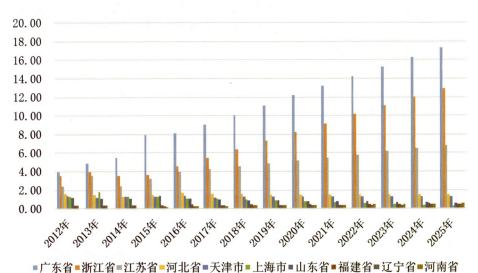

图8.7 中国梳妆用刷出口量前十地区(单位:亿支)

图8.9 机器零件的金属丝刷出口量前十地区(单位:亿个)

彩 图

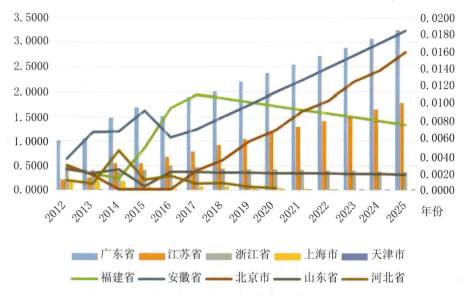

图8.11 中国机器零件的刷出口量前十地区(单位:亿个)

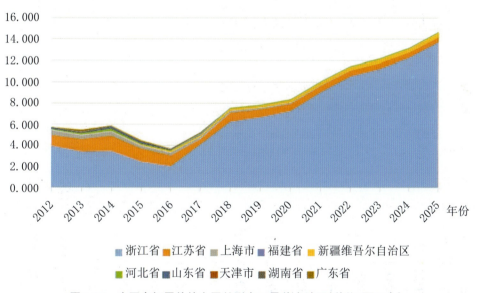

图8.13 中国车辆零件的金属丝刷出口量前十地区(单位:百万个)

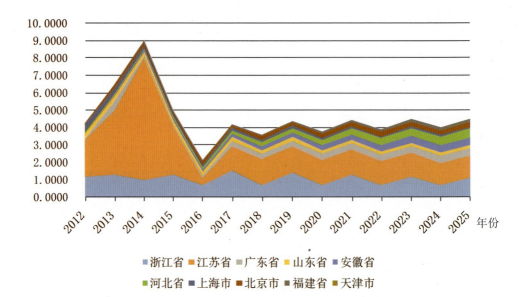

图8.16 中国车辆零件的刷出口量前十地区(单位:百万个)